RÉPERTOIRE
DU
THÉATRE FRANÇOIS.

COMÉDIES.
TOME ONZIEME.

Tous les exemplaires seront signés de l'Editeur.

DE L'IMPRIMERIE D'A. EGRON.

RÉPERTOIRE
DU
THÉATRE FRANÇOIS,
OU
RECUEIL
DES TRAGÉDIES ET COMÉDIES
RESTÉES AU THÉATRE DEPUIS ROTROU,

POUR FAIRE SUITE AUX ÉDITIONS IN-OCTAVO
DE CORNEILLE, MOLIERE, RACINE, REGNARD, CRÉBILLON,
ET AU THÉATRE DE VOLTAIRE;

AVEC DES NOTICES SUR CHAQUE AUTEUR,
ET L'EXAMEN DE CHAQUE PIECE,

Par M. PETITOT.
NOUVELLE ÉDITION,
REVUE AVEC SOIN, ET AUGMENTÉE DES CHEFS-D'ŒUVRE DE BEAUMARCHAIS,
COLLIN D'HARLEVILLE, LEGOUVÉ, DUCIS, LE FEVRE, DESFORGES, ETC.

TOME DIX-HUITIEME.

PARIS,
FOUCAULT, LIBRAIRE, RUE DES NOYERS, N° 37.
1818.

LE DEUIL,

COMÉDIE EN UN ACTE ET EN VERS,

D'HAUTEROCHE,

Représentée, pour la premiere fois, en 1672.

NOTICE
SUR HAUTEROCHE.

Noel le Breton d'Hauteroche entra au théâtre du Marais en 1650. On ignore l'époque de sa naissance. Il paroît que ce comédien obtint beaucoup de succès dans ses débuts; que plusieurs hommes de la cour le protégerent, et répandirent sur lui leurs libéralités. Il n'en falloit pas plus pour exciter l'amour-propre d'un acteur, et pour le porter jusqu'au délire. On peut juger de l'opinion qu'il avoit de lui par les vers suivans qu'il récita en public à la premiere représentation de la *Comédie sans comédie*, de Quinault :

> Je suis né, grace au ciel, d'assez nobles parens;
> J'ai reçu dans la cour mille honneurs différens;
> La France à m'admirer souvent s'est occupée;
> Le favori du roi m'a donné cette épée.
> J'ai reçu des faveurs des gens du plus haut rang :
> Ce diamant de prix vient d'un prince du sang;
> J'ai l'heur d'être connu du plus grand des monarques,
> Et j'ai de son estime eu d'éclatantes marques.
> Il m'écoute par fois mieux que ses courtisans;
> Et l'habit que je porte est un de ses présens.

Si ces vers qu'Hauteroche prononça en son nom furent composés par Quinault, on peut croire que le poëte voulut se moquer de l'orgueil du comédien en outrant les louanges qu'il osoit se donner à lui-même. Il ne paroît pas qu'Hauteroche y ait entendu finesse : le public, toujours indulgent pour les acteurs qu'il aime, ne fit pas attention à une si haute impertinence ; et la piece fut jouée plusieurs fois sans que l'on supprimât cette tirade.

Hauteroche passa ensuite dans la troupe de l'hôtel de Bourgogne. Lors de la mort de Floridor, il fut chargé par ses camarades de l'emploi d'orateur. A cette époque on choisissoit un acteur de bonne mine qui pût parler au public quand il y avoit quelque tumulte. Dancourt fut un des successeurs d'Hauteroche ; depuis on ne voit pas que cet emploi spécial ait été conservé à la comédie françoise ; les semainiers le remplissent alternativement. Hauteroche excelloit dans les troisiemes rôles et dans les récits : tout porte à croire qu'il justifioit sa réputation de beau parleur.

Ses pieces, dont quelques-unes sont long-temps restées au théâtre, ne méritent aucun examen littéraire : le style en est très négligé, et les conceptions manquent ordinairement de justesse et de profondeur : elles ont dû leur succès à la grande habitude du théâtre qu'avoit l'auteur, et à quelques traits comiques. Nous allons en donner une idée.

L'Amant qui ne flatte point fut le premier ouvrage dramatique d'Hauteroche : dans un temps où la galanterie étoit extrêmement délicate et raffinée, la peinture du caractere d'un homme qui ne fait pas de complimens, même à sa maîtresse, pouvoit être comique et théâtrale ; mais il auroit fallu, pour réussir dans ce sujet, un usage du monde et une politesse que notre auteur n'avoit pas : élevé au théâtre, n'ayant jamais fréquenté que des comédiens, il ne put conserver cette nuance légere qui distingue la franchise de la grossièreté. Son principal personnage est un brutal auquel on ne prend aucun intérêt, et dont les brusqueries n'ont rien de piquant ni de comique.

Le peu de succès de cette comédie, où l'auteur avoit eu la prétention de peindre un caractere, le décida à s'essayer dans un genre plus facile. *Le Souper mal apprêté* est une petite piece en un acte, assez originale et assez gaie. Un jeune homme, accablé de dettes, est poursuivi par ses créanciers : manquant absolument d'argent, il a eu l'imprudence d'inviter à souper sa maîtresse et d'autres dames. Son valet cherche en vain par une multitude de ruses à lui procurer de l'argent ; la compagnie arrive, l'heure du souper approche, et le jeune homme est dans le plus grand embarras. Pour s'en tirer il imagine de faire croire aux dames qu'une maladie épidémique regne dans la maison; elles prennent la fuite, et lui-même s'en va pour éviter la visite de ses créanciers qu'il ne pourroit pas congédier avec autant de facilité. Cette comédie paroît avoir donné à M. Carmontel l'idée d'un proverbe très plaisant, intitulé *l'Enragé*.

Les Apparences trompeuses suivirent le Souper mal apprêté : les camarades d'Hauteroche trouverent cet ouvrage si défectueux qu'ils refuserent de le représenter. Il est question dans cette piece d'une femme qui excite la jalousie de son mari pour le décider à marier sa sœur. Campistron s'est servi de cette combinaison dans sa comédie du Jaloux désabusé, ce qui montre que l'on trouve quelquefois des idées heureuses, et dont le talent peut profiter, dans les productions les plus médiocres.

Le Deuil parut très supérieur aux autres ouvrages de l'auteur : dans un petit cadre il sut présenter une intrigue piquante et des caracteres comiques. Cette piece est restée au théâtre. Crispin Musicien, qui fut donné la même année, réussit au-delà des espérances de l'auteur; lui-même trouvoit sa piece médiocre; elle eut quarante représentations de suite, et disparut après du répertoire. Il paroît que ce succès, que l'on peut comparer à celui de l'Astrate et de Timocrate, fut dû au jeu d'un acteur, ou à quelque allusion que la tradition ne nous a pas conservée. Crispin Médecin, qui suivit, est resté au théâtre, quoique le comique en soit bas, et quoique les ressorts en soient très communs. Il faut observer à cette occasion que c'est Hauteroche qui a inventé le personnage de Crispin dont on s'est ensuite servi souvent dans la comédie.

Nous ne parlerons pas des Nobles de Province, comédie en cinq actes et en vers, qui n'eut aucun succès. L'auteur avoit voulu peindre les ridicules des gentilshommes de campagne; son comique dégénere en farce; l'intrigue est mal tissue; un grand nombre de personnages sont inutiles, et la versification est plate et incorrecte.

L'Esprit Follet ou la Dame Invisible, sujet tiré de Calderone, avoit été traité par d'Ouville. La piece étoit restée au théâtre comme une de ces productions médiocres qui ne plaisent que par quelques situations extraordinaires; mais on desiroit que les bienséances y fussent mieux conservées. Les comédiens prierent Hauteroche de la refaire. Il y mit plus d'action, supprima un rôle inutile, et donna plus de décence au personnage d'Angélique. Cette piece qu'on jouoit quelquefois a cessé de plaire après la mort de Préville : on a depuis essayé en vain de la remettre.

Le Cocher supposé, comédie en un acte et en

prose, est le dernier ouvrage d'Hauteroche : cette piece est restée au théâtre on ne sait pas pourquoi. L'intrigue est vague, le comique bas, le titre même est insignifiant; car il importe peu qu'un homme né pour servir entre chez un bourgeois comme cocher ou comme laquais : il n'y a pas incompatibilité entre ces deux emplois. Une jeune fille, qui court après un amant infidele, se fait passer sans nécessité pour la femme de ce cocher, dont elle dit avoir eu deux enfans; ruse si indécente qu'elle ne seroit pas pardonnable quand bien même il en naîtroit des incidens comiques; et elle n'en produit aucun. Nous n'avons pas admis cette comédie dans notre recueil : deux pieces d'Hauteroche suffisent pour faire connoître son talent; et d'ailleurs nous sommes persuadés que le Cocher supposé, qui n'amuse point à la lecture, disparoîtra du théâtre lorsque les acteurs qui savent et jouent le rôle principal depuis quarante ans se retireront.

Lors de la réunion des deux troupes françoises, en 1680, Hauteroche, qui ne fut pas placé comme il croyoit le mériter, se retira du théâtre. Il mourut très âgé en 1707.

A MESSIRE
ANDRÉ-GIRARD
LE CAMUS,

CHEVALIER, CONSEILLER ORDINAIRE DU ROI EN SES CONSEILS D'ÉTAT, PRIVÉ, ET DIRECTION DE SES FINANCES, CI-DEVANT PROCUREUR-GÉNÉRAL DE SA MAJESTÉ EN SA COUR DES AIDES.

MONSIEUR,

Vous trouverez bon, s'il vous plaît, que votre nom paroisse au-devant de cette comédie, et qu'après en avoir dédié une autre à madame votre charmante épouse, je vous demande votre protection pour celle-ci. Je sais que, suivant l'ordre des choses, je devois commencer par vous, et que le mari doit toujours passer devant la femme; mais je ne saurois m'imaginer que vous soyez fâché de cette préférence. Je veux croire que vous êtes content de mon procédé, et que, loin de m'en savoir mauvais gré, vous m'en applaudissez en vous-même. Savez-vous sur quoi je fonde cette croyance? C'est que je suis persuadé, Monsieur, *que vous avez l'ame belle, l'esprit bien tourné, et que vous ne haïssez pas le beau sexe. C'est le penchant de tous les honnêtes gens, et j'ose avancer que ce penchant ne leur est pas désavantageux : c'est par là qu'on a vu les plus grands hommes faire souvent des actions qui surpassoient leurs attentes, et que les plus foibles et les plus stupides se sont quelquefois tirés de l'obscurité où ils étoient ensevelis. Pour moi,* Monsieur, *j'ai toujours cru que, quelque principe d'honnêteté qu'on pût avoir, on ne faisoit rien d'extraordinaire sans cette inclination ; mais que par le desir de se rendre agréable au beau sexe, on cherchoit avec soin les occasions de faire bruit dans le monde, et de s'acquérir une réputation qui ne fût pas commune. En vérité,* Monsieur, *il faut demeurer d'accord que nous lui sommes fort obligés, puisqu'il fait naître en nous des sentimens dont peut-être ne serions-nous point capables sans cette envie de lui plaire. Je sais bien que ce n'est pas ici le lieu de faire son éloge, et qu'en vous présentant cette comédie, je ne devrois penser qu'à vous entretenir des glorieux avantages qu'elle aura de se voir honorée de votre protection; mais sans que je m'explique là-dessus, qui ne sait pas que c'est une chose incontestable? Je n'ignore pas aussi que je devrois prendre l'occasion de m'étendre sur ce beau génie et ce profond savoir qui vous ont fait admirer dans la charge éminente de procureur-général en la cour des aides, et que vous avez exercée avec tant de succès; que, lorsque vous parlâtes de vous en défaire, toute cette illustre compagnie en eut un regret si sensible, qu'elle fit ses efforts pour tâcher de vous détourner de cette pensée. Mais, Monsieur, quand j'aurai fait un détail de ces perçantes lumieres qui vous ont fait pénétrer les affaires les plus obscures, et résoudre les difficultés les plus embarrassantes; quand j'aurai fait un tableau de cette intégrité qui vous a rendu recommandable à tous ceux qui ont eu besoin de votre justice; quand je me serai épuisé à faire un long* discours sur cette grande *vivacité d'esprit*, *qui*, dans les conseils de Sa Majesté, vous faisoit regarder comme un homme digne des emplois les plus considérables ; quand je me serai étendu sur cette maniere engageante et cette bonté naturelle qui vous gagnent les cœurs de tous ceux qui vous approchent ; enfin, Monsieur, quand j'aurai pris le soin de louer toutes ces rares qualités, qu'aurai-je dit ou qu'aurai-je fait connoître qu'on ne sache beaucoup mieux que moi? Puisqu'il est constamment vrai, Monsieur, que je ne pourrois rien dire dont chacun n'ait une entiere connoissance, je ne ferai pas mal de me taire, et de vous prier seulement d'agréer le Deuil que je vous présente. Je ne vous dirai point que, lorsqu'on saura que cette piece vous est dédiée, cela doit arrêter en quelque façon les traits malicieux d'une critique envieuse ; car, à vous parler franchement, je n'ai point encore vu que le nom des puissances qui paroît à la tête des ouvrages, ni celui des beaux esprits, aient empêché les censeurs de profession de se déchaîner contre eux quand ils se sont imaginé qu'il y avoit de quoi mordre. Ils diront tout ce qu'il leur plaira *de cette comédie sans que je m'en mette en peine; il suffit pour moi qu'elle vous ait plu et qu'elle ait réussi en public. Je suis sûr que ces messieurs auront peine à paroître devant vous pour la déchirer, particulièrement quand ils sauront que vous lui faites la grace de l'honorer de votre estime, et que vous me permettez de me dire,*

MONSIEUR,

Votre très humble et très obéissant serviteur,
DE HAUTEROCHE.

ACTEURS.

PIRANTE, pere de Timante.
TIMANTE, son fils.
JACQUEMIN, fermier et receveur de Pirante.
BABET, fille de Jacquemin.
PERRETTE, servante de Jacquemin.
CRISPIN, valet de Timante.
NICODÊME, serviteur de Jacquemin.
MATHURIN, valet de la ferme, personnage muet.

La scene est à un village à deux lieues de Sens.

LE DEUIL,
COMÉDIE.

SCENE PREMIERE.

TIMANTE, CRISPIN, *tous deux en grand deuil.*

CRISPIN.
Par ma foi, nous voilà plaisamment équipés,
Noirs du bas jusqu'en haut, et des mieux encrêpés!
Seriez-vous bien parent d'un... faut-il que j'acheve?
Là, d'un de ces messieurs que l'on rouoit en Greve
Le jour qu'il vous a plu de partir de Paris?

TIMANTE.
Maraud!

CRISPIN.
A dire vrai, monsieur, je suis surpris.
Votre pere, votre oncle, enfin, tout le lignage
Regorge de santé, rien ne meurt, dont j'enrage;
Pas un neveu, pas même un arriere-cousin,
Et le grand deuil vous plaît à porter.

TIMANTE, *riant.*
Oui, Crispin.

CRISPIN.
Vous riez? Cet habit peut donner de la joie
Quand une tête à bas laisse force monnoie;

Bon pour lors. Mais à moins d'une mort de profit,
L'équipage est lugubre, et me choque l'esprit.
TIMANTE.
En d'autres cas encore il peut réjouir l'ame.
CRISPIN.
D'accord, quand un mari fait enterrer sa femme.
Comme en se mariant on se met en danger
D'avoir pendant ce nœud tout le temps d'enrager,
Je crois que, pour guérir cette sorte de rage,
Il n'est rien de meilleur qu'un prompt et doux veuvage.
Mais sans moraliser, monsieur, venons au point.
Nous arrivons à Sens où vous n'arrêtez point,
Vous poussez jusqu'au lieu de votre métairie ;
D'abord vous descendez dans une hôtellerie,
Vous y prenez le deuil ; vous m'en équipez, moi
Qui ne pleure personne, et qui ne sais pourquoi.
Si j'ose demander à quoi tend ce mystere,
Vous riez, vous chantez, et vous me faites taire ;
Et, sans m'expliquer rien, toujours la joie au cœur,
Vous entrez dans la cour de votre receveur.
Ce noir déguisement cache au moins quelque chose :
Pour la derniere fois j'en demande la cause.
　　(*Timante sourit.*)
Allez-vous rire encor ? Bon soir ; je n'en suis plus.
TIMANTE.
Cet habit me vaudra plus de deux mille écus.
CRISPIN.
Deux mille écus ?
TIMANTE.
Oui.

SCENE I.

CRISPIN.
Peste! et combien en aurai-je?
Equipé comme vous, j'ai même privilege;
Et je ne prétends pas porter le deuil gratis.

TIMANTE.
Ta part s'y trouvera.

CRISPIN.
Les merveilleux habits!
Mais déguisés ainsi, dans le bois le plus proche,
N'auriez-vous point dessein de voler quelque coche?
Qu'en est-il?

TIMANTE.
Moi voler! c'est perdre la raison,
Que...

CRISPIN.
J'entends. Mais, monsieur, je crains la pendaison.
Pour toucher cet argent, ça, que faut-il donc faire?

TIMANTE.
Pleurer. Sais-tu pleurer?

CRISPIN.
Moi? non; mais je sais braire.
Cela suffira-t-il?

TIMANTE.
Tu feras de ton mieux;
Et quand je pleurerai...

CRISPIN.
J'ai de terribles yeux.
Commencez seulement: pour venir à la charge,
Je vous réponds, monsieur, d'une bouche aussi large.
Il ne faut qu'essayer; voyez: Hin, hin, hin...

LE DEUIL.

TIMANTE.

Bon.

CRISPIN.

L'accord est musical; est-ce là votre ton?

TIMANTE.

Fort bien.

CRISPIN.

Mais de ces pleurs à quoi tend le mystere?

TIMANTE.

A duper Jacquemin, receveur de mon pere;
A qui, par ce faux deuil appuyant mon rapport,
Je persuaderai que le bon-homme est mort,
Et que, depuis huit jours, surpris d'apoplexie,
Tout d'un coup sans parler il a fini sa vie.
J'en suis seul héritier; et Jacquemin, je croi,
Prétendant n'avoir plus à compter qu'avec moi,
Ne refusera pas de me payer la somme
Que pour le premier ordre il tient prête au bon-homme.

CRISPIN.

Vous êtes fils unique, et votre receveur,
S'il plaisoit à la mort de vous faire l'honneur
De saisir au collet votre avare de pere,
Auroit avecque vous quelques comptes à faire.
Mais sur quoi s'assurer qu'il doit deux mille écus?

TIMANTE.

Six cents louis, Crispin, tous paiemens rabattus.
De mon pere pour lui j'ai surpris cette lettre.
Ecoute, et tu verras ce qu'on peut s'en promettre.
 (*il lit.*)
« Monsieur Jacquemin, votre compte est bon. Les

SCENE I.

« diverses sommes que vous m'avez fait toucher ici,
« et dont vous n'avez point de quittances, montent
« à huit cents écus; ainsi reste dû six mille six cents
« livres. Ne vous embarrassez pas à chercher une voie
« sûre pour me les faire tenir; j'irai moi-même les
« recevoir sur les lieux dans quinze jours ou trois se-
« maines, et nous aviserons ensemble à régler les
« clauses du nouveau bail que vous demandez. Je ne
« vous écrirai point davantage là-dessus; ne me faites
« point de réponse: Votre meilleur ami,

« PIRANTE. »

En prenant les devants, comme il est bon payeur...

CRISPIN.

J'entends; plus fin que vous n'est pas bête, monsieur;
Et pour un nouveau bail, sans trop songer aux clauses,
Je vous crois déja voir accommoder les choses.
Pour bien faire, il faudroit que monsieur Jacquemin,
Obtenant du rabais, grossît le pot-de-vin.
Il en demandera; signez tout.

TIMANTE.
Moi?

CRISPIN.
Qu'importe?
La piece en vaudra mieux, plus elle sera forte.
Votre pere a bon dos.

TIMANTE.
Il n'entend pas raison.
Quel pere! Il faut aller joindre ma garnison :
Je pars; et, pour tout fruit de mes belles paroles,
Ayant à m'équiper, j'emporte vingt pistoles.

Me voilà bien !
CRISPIN.
Aussi pour vous en consoler,
Sans façon, en bon fils, vous venez le voler.
Mais quoiqu'en ce dessein, monsieur, je vous admire,
Si votre pere enfin s'est avisé d'écrire,
Sa lettre et vos discours n'auront aucun rapport,
Et nous serons tondus sur cette feinte mort.
TIMANTE.
Au commerce d'écrire avec joie il renonce,
Il plaint trois mois entiers le port d'une réponse.
Tu vois que par sa lettre il mande à Jacquemin
De ne lui point récrire; outre cela, Crispin,
J'ai su... Mais taisons-nous, quelqu'un vient.
CRISPIN.
C'est Perrette,
Et madame Babet. La friponne est bien faite,
Monsieur, et vaudroit bien, soit dit sans faire tort...
TIMANTE.
Songe à l'apoplexie, et que mon pere est mort.

SCENE II.

TIMANTE, BABET, CRISPIN, PERRETTE.

PERRETTE, *à Babet entrant, regardant Timante.*
Je ne me trompe point, c'est notre jeune maître.
BABET.
Dans un pareil habit j'ai pu le méconnoître.
Quoi ! Timante, c'est vous ? d'où vient donc ce grand deuil ?

SCENE II.

TIMANTE, *pleurant*.

Ah Babet!

BABET.

Crispin?

CRISPIN, *pleurant*.

Ah!

BABET.

Tous deux la larme à l'œil.

TIMANTE, *pleurant*.

Quel malheur!

PERRETTE, *à Crispin*.

Apprends-nous quelle perte il a faite.

CRISPIN, *pleurant*.

Son pere...

PERRETTE.

Eh bien! son pere?

CRISPIN, *pleurant*.

Il est gîté, Perrette. Le pauvre homme! il m'aimoit comme si... Mais enfin Dieu veuille avoir son ame.

PERRETTE.

Il est mort?

BABET.

Quoi! Crispin, Pirante est mort?

CRISPIN, *pleurant*.

Malgré tout ce qu'on a pu faire, Il est... ah!

BABET.

Je l'aimois comme mon propre pere.

Soutiens-moi.
(elle s'appuie sur Perrette.)
PERRETTE.
Ce malheur est touchant; mais...
BABET.
Hélas!
CRISPIN, *bas, à Timante.*
Que ne la prenez-vous, monsieur, entre vos bras?
Ses ennuis passeroient plus tôt.
TIMANTE, *bas, à Crispin.*
Ils m'embarrassent.
CRISPIN.
Voilà que c'est d'avoir des peres qui trépassent!
PERRETTE.
Là, revenez à vous; puisque le mort est mort,
Quel remede, et pourquoi s'en affliger si fort?
CRISPIN, *à Babet.*
Perrette le prend bien, point de mélancolie.
Les morts ne vivent plus, les pleurer c'est folie.
BABET, *pleurant.*
Il étoit mon parrain, et j'aurois peu de cœur...
TIMANTE, *larmoyant.*
Suffit, Babet; c'est trop partager ma douleur.
BABET, *larmoyant.*
Si mes larmes...
PERRETTE.
Par-là qu'est-ce que l'on avance?
Voyez monsieur : il prend son mal en patience.
CRISPIN.
C'est qu'il sait vivre : diable!...

SCENE II.

TIMANTE.
Et monsieur Jacquemin,
Que fait-il ?

PERRETTE.
Tout-à-l'heure il étoit au jardin.
Je m'en vais le chercher; consolez-vous ensemble.

SCENE III.

TIMANTE, BABET, CRISPIN.

TIMANTE, *riant*.
Eh bien ! Babet ?

BABET.
Eh quoi ! vous riez ?

TIMANTE.
Que t'en semble ?
Le deuil me sied-il bien ?

BABET.
Je ne sais où j'en suis;
Oubliez-vous déja...

TIMANTE.
Babet, treve d'ennuis;
Mon pere n'est pas mort.

BABET.
Ah ! j'ai lieu de me plaindre;
Vous me trompez.

TIMANTE.
Il m'est important de le feindre;
Ayant besoin d'argent, je n'imagine rien

De plus propre à duper et ton pere et le mien.
BABET.
Mais comment pensez-vous?...
TIMANTE.
Ne t'en mets point en peine;
Avec moi seulement souffre que je t'emmene;
Si tu veux éclater, il faut prendre ce temps.
BABET.
Je pars à l'heure même, et vais coucher à Sens.
TIMANTE.
Seule?
BABET.
Seule, et je dois, par l'ordre de mon pere,
Avec certain parent terminer quelque affaire.
Rendez-vous-y; j'y couche, et là nous résoudrons
Touchant votre dessein quel parti nous prendrons.
TIMANTE.
Deux heures de chemin sans que l'on t'accompagne!
Je crains...
BABET.
Tout est rempli de gens dans la campagne;
Il est jour de marché : je vous quitte. A tantôt.
TIMANTE.
Je ferai mon pouvoir pour te joindre au plutôt.
BABET.
Je vais partir avant que mon pere survienne.

SCENE IV.

TIMANTE, CRISPIN.

CRISPIN, *montrant du doigt l'endroit où Babet est rentrée.*

Monsieur, hem !

TIMANTE.

Qu'est-ce ?

CRISPIN.

Il n'est qu'en dira-t-on qui tienne,
La Babet est traitable, et se rend sans façon.

TIMANTE.

Son honneur avec moi ne court point hasard.

CRISPIN.

Bon !

Le moyen ?

TIMANTE.

Elle peut...

CRISPIN.

J'entends ; dans le voyage
La belle en tout honneur aura soin du bagage.
Quand vous en serez las pour le moins...

TIMANTE.

Maître sot !

CRISPIN.

Souffrez-moi la servante, et je ne dirai mot ;
A ces conditions c'est une affaire faite :
Vous emmenez Babet, j'emmenerai Perrette.

TIMANTE.

Ah! ce n'est pas de même.

CRISPIN.

Eh pourquoi non? Je croi
Qu'en esprit, beaux discours, vous l'emportez sur moi;
Mais où l'esprit n'est pas tout-à-fait nécessaire,
Monsieur, sans vanité, je suis assez bon frere,
Et...

TIMANTE.

Pour faire cesser tes sots raisonnemens,
Apprends qu'à tort tu fais de mauvais jugemens,
Et qu'au sort de Babet les nœuds de l'hyménée,
Au déçu de mon pere, ont joint ma destinée.

CRISPIN.

Vous l'avez épousée?

TIMANTE.

Oui.

CRISPIN.

Vous êtes mari?

TIMANTE.

Depuis plus de six mois.

CRISPIN.

Et n'êtes point marri?

TIMANTE.

Moi! point du tout.

CRISPIN.

Miracle! Il ne s'en trouve gueres
De si contens que vous de ces sortes d'affaires.
Aussi n'êtes-vous pas encor bien marié.

SCENE IV.

TIMANTE.

Pour bien faire la chose on n'a rien oublié :
J'ai pour Babet...

CRISPIN.

D'accord ; ne pouvant voir la belle
Qu'en secret rendez-vous, vous n'aimez rien tant qu'elle ;
Mais Babet, aujourd'hui vos plus cheres amours,
Ne sera plus Babet quand vous l'aurez toujours.

TIMANTE.

Il faut incessamment que ta langue s'égaye.

CRISPIN.

Hasard ; gageons, monsieur ; et si je perds, je paye.
Mais son pere sait-il que...

TIMANTE.

Non, il n'en sait rien ;
Car comme en avarice il surpasse le mien,
Et qu'un sou déboursé lui semble arracher l'ame,
Sans doute il eût tout fait pour traverser ma flamme :
Mais l'hymen déclaré, tout lui parlant pour moi,
Il faudra bien qu'il chante, ou qu'il dise pourquoi.

CRISPIN.

Mais, monsieur, étant noble et de bonne famille,
D'un simple receveur vous épousez la fille ?
Que dira votre pere ?

TIMANTE.

Il s'estomaquera,
Fera le difficile, et puis s'appaisera.
Après tout, Jacquemin, quoiqu'il soit sans naissance,
C'est, l'avarice à part, un homme d'importance ;
Il est le coq du bourg, connu pour un Crésus,

Et possede du moins cinquante mille écus:
Cela répare assez le défaut du rang.
CRISPIN.
Peste!
Puisqu'il a tant de bien, il est noble de reste.
Combien de soi-disant chevaliers et marquis
Se targuent sottement de noblesse à Paris,
Dont, en s'emmarquisant, la plus haute noblesse
A seulement pour titre une grande richesse!
Sans cela leur naissance est basse et sans éclat,
Et leur bien, en un mot, fait tout leur marquisat.
Ces gens, au temps qui court, ont beaucoup de confreres;
Mais la chere Babet, elle n'a sœurs ni freres.
TIMANTE.
Babet est fille unique; et bien d'autres que moi...
CRISPIN.
Bien d'autres? Quantité tiennent leur quant à moi,
Qui, loin de refuser une affaire semblable,
Moyennant force écus épouseroient le diable.
Le diable cependant doit être roturier.
Qu'en croyez-vous?
TIMANTE.
Badin!
CRISPIN.
Je ne suis pas sorcier:
Ce que j'en dis, monsieur, n'est que par conjecture;
Mais être grand trompeur sent beaucoup la roture.
On dit que c'est du diable une perfection.
(*Timante sourit.*)
D'ailleurs, comme le monde est plein d'ambition,

SCENE IV.

Et suivant que chacun par l'argent se gouverne,
Si le diable en ces lieux venoit tenir taverne,
Qu'il voulût enrichir ceux qui boiroient chez lui,
La foule seroit grande.

TIMANTE.

Il est vrai qu'aujourd'hui,
Passât-on en vertu les vieux héros de Rome,
Si l'on n'a de l'argent, on n'est pas honnête homme :
Il en faut pour paroître.

CRISPIN.

Aussi pour en avoir
Il n'est ressort honteux qu'on ne fasse mouvoir :
Lois, justice, équité, pudeur, vertu sévere,
Par-tout au plus offrant on n'attend que l'enchere;
Et je ne sache point d'honneur si bien placé,
Dont on ne vienne à bout dès qu'on a financé.

TIMANTE.

Tu crois donc...

CRISPIN, *montrant Jacquemin.*

St.

TIMANTE.

J'entends ce que tu me veux dire.

CRISPIN, *bas à son maître.*

Songeons à larmoyer; il n'est plus temps de rire.

SCENE V.

JACQUEMIN, TIMANTE, CRISPIN, PERRETTE.

JACQUEMIN, *à Timante.*

Monsieur, que m'apprend-on ?

TIMANTE, *pleurant.*

Ah! monsieur Jacquemin...

JACQUEMIN, *pleurant.*

Mon pauvre maître! ah! ah!

TIMANTE, *pleurant.*

Ah!

CRISPIN, *pleurant.*

Hon! hon!

PERRETTE, *pleurant.*

Hin! hin! hin!

CRISPIN, *à Timante.*

Eh! monsieur, un esprit de la trempe du vôtre...

TIMANTE.

J'ai tout perdu, Crispin; tu le sais mieux qu'un autre.

CRISPIN.

Oui, vous perdez beaucoup; mais dans un tel malheur
On doit patiemment supporter sa douleur.
Le ciel le veut ainsi. Lui faire résistance,
Ah! songez donc, monsieur, que c'est lui faire offense.
Il est vrai, votre pere auroit couru hasard
De vivre plus long-temps, s'il étoit mort plus tard;
Mais quand par la rigueur...des ordres qu'il faut suivre

SCENE V. 31

On est mort tout-à-fait... on ne sauroit plus vivre.
Considérez d'ailleurs... que le temps vous fait voir,
Que la raison... Monsieur, prêtez-moi ce mouchoir;
Je n'y pense point sans...
(*en arrachant le mouchoir de Timante qui le tient à ses yeux.*)

JACQUEMIN, *pleurant.*

Crispin me perce l'ame.

CRISPIN, *à Jacquemin.*

Monsieur... ah!

TIMANTE.

Ah!

PERRETTE.

Hin! hin!

JACQUEMIN, *pleurant.*

Quand je perdis ma femme,
Il m'en souvient encor...

CRISPIN.

Eh! monsieur Jacquemin,
Laissez là votre femme; elle est bien morte.

JACQUEMIN, *pleurant.*

Enfin,
Il nous faut tous mourir, je suis vieux, et peut-être...

CRISPIN.

Voulez-vous par vos pleurs désespérer mon maître?
Comme il sanglotte! Au lieu de le ragaillardir,
Vous augmentez son mal.

TIMANTE.

Il ne peut s'agrandir.

LE DEUIL.

PERRETTE.

Crispin a raison, et...

JACQUEMIN.

Je le sais ; mais Perrette,
Quand je sentirois moins la perte que j'ai faite,
Il faudroit, quand d'un maître on apprend le trépas,
N'avoir guere d'honneur pour ne s'affliger pas...
Monsieur Pirante étoit un ami...

CRISPIN.

Laissez faire :
Monsieur est honnête homme, et vaudra bien son pere.
Vous verrez.

JACQUEMIN.

Dieu le veuille !

PERRETTE, *à Jacquemin.*

Eh ! là donc, parlez-lui.

JACQUEMIN, *à Timante.*

Nous avons tous les deux un grand sujet d'ennui,
Et tous deux nous perdons, sans y pouvoir que faire,
Moi, monsieur, un bon maître, et vous, un brave pere ;
Mais pour m'en consoler, j'espere en ce malheur
Que vous vous souviendrez de votre serviteur.
J'ai soixante-deux ans ; et dès mon plus bas âge
J'étois de la maison.

TIMANTE.

Il faut prendre courage.
Je perds un pere à qui vous rendiez bien des soins :
Il étoit votre ami, je ne le suis pas moins.

JACQUEMIN.

Il est mort, quelle perte ! à tous momens j'y pense,

SCENE V.

Et tant que je vivrai j'en aurai souvenance.
Voyant qu'en l'autre monde il lui falloit aller,
Ne vous a-t-il pas dit...

TIMANTE.

Il est mort sans parler.

JACQUEMIN.

Sans parler !

TIMANTE.

Le moyen ? Quand il eût eu cent vies...

CRISPIN.

Il avoit la valeur de quatre apoplexies.

JACQUEMIN, *redoublant sa tristesse.*

Ah!

TIMANTE.

Quel nouveau chagrin vous rend si consterné?

JACQUEMIN, *se désespérant.*

Ah ciel!

TIMANTE.

Qu'avez-vous donc?

JACQUEMIN.

Me voilà ruiné.

TIMANTE.

Comment ?

JACQUEMIN.

C'est qu'en trois fois, monsieur, j'ai par avance
Donné...

CRISPIN.

Vous avez fait des paiemens sans quittance?

JACQUEMIN.

Hélas! oui.

CRISPIN.

Ces paiemens nous ont bien fait souffrir.

JACQUEMIN.

Est-ce que...

CRISPIN.

De frayeur j'en ai pensé mourir.
Allez, ne craignez rien, on vous en tiendra compte.

JACQUEMIN.

On sait donc...

CRISPIN.

Je prenois les esprits pour un conte,
Mais je suis détrompé; car, pour vos intérêts,
Le pauvre mort nous est apparu tout exprès.

JACQUEMIN.

Apparu !

CRISPIN, *montrant son maître.*
Demandez.

TIMANTE.

Sans doute.

JACQUEMIN.

Est-il croyable?

CRISPIN.

Il nous a lutinés six jours comme le diable,
Tantôt en pigeon blanc, tantôt en chien barbet;
Tant enfin qu'ennuyé de s'être contrefait,
Sous sa propre figure il s'est fait reconnoître,
Et me serrant le bras : « Crispin, connois ton maître,»
M'a-t-il dit. « Vous, mon fils, n'ayez aucune peur, »
A-t-il continué. S'adressant à monsieur :
« Du seigneur Jacquemin je viens vous dire comme

SCENE V.

« J'ai reçu sans quittance en plusieurs fois la somme...»
JACQUEMIN.
Combien ? N'a-t-il pas dit, monsieur, huit cents écus ?
TIMANTE.
Autant.
JACQUEMIN.
J'ai fait tenir quelque chose de plus,
Mais n'importe. Il faut donc, s'il vous plaît, me déduire.
TIMANTE.
Il suffit que le mort soit venu m'en instruire;
Cela vaut fait.
JACQUEMIN.
Voyez, avec les gens de bien,
On a beau hasarder, on ne perd jamais rien.
CRISPIN.
Le défunt, quoique avare, avoit l'ame aussi ronde...
JACQUEMIN.
Le pauvre homme! être exprès venu de l'autre monde!
Quelle peine!
CRISPIN.
Pour vous, s'il eût été besoin,
Il seroit bien encor revenu de plus loin.
Possible, s'il voyoit, s'agissant de finance,
Que mon maître n'eût pas fort bonne conscience,
Il pourroit, pour ôter tout sujet d'embarras,
Venir jusques chez vous.
JACQUEMIN.
Ah! qu'il n'y vienne pas.
CRISPIN.
Il vous apporteroit un acquit.

3.

JACQUEMIN.

Je l'en quitte.

PERRETTE.

Il est assez de morts à qui rendre visite :
Qu'il les voie, et pour nous qu'il nous laisse en repos.

TIMANTE.

Non, il n'y viendra pas : mais changeons de propos.
Vos paiemens sans acquit n'ont rien que je conteste.

JACQUEMIN.

Cela déduit, je dois six cents louis de reste :
Il vous les faut compter. Mais, monsieur, tous les ans
Je paie à jour nommé jusqu'à neuf mille francs.
C'est trop ; le bail finit : il en faudroit rabattre.

TIMANTE.

Vous vous raillez.

JACQUEMIN.

Monsieur, depuis soixante-quatre
C'est misere, et les grains sont de nulle valeur.

CRISPIN, *à Timante.*

L'avarice ne peut que vous porter malheur ;
Il faut que chacun vive, et...

JACQUEMIN, *bas à Crispin.*

Parle, et je te donne...

CRISPIN, *à Timante, haut.*

Monsieur, le receveur ne veut tromper personne :
S'il y trouvoit son compte, il ne le diroit pas.

JACQUEMIN.

Si vous saviez, monsieur, comme on fait peu de cas...

TIMANTE.

On ne refuse guere une premiere grace.

SCENE V.

CRISPIN.

Rabattez mille francs.

TIMANTE.

Non, pour la moitié passe ;
Je l'accorde.

CRISPIN.

A donner mon cœur va le galop.

JACQUEMIN.

Monsieur, les mille francs n'auroient point été trop ;
Mais si j'y perds encore, ayant un si bon maître,
J'espere...

TIMANTE.

Avec le temps je me ferai connoître.
Mais je veux cent louis de pot-de-vin.

JACQUEMIN.

Comment !
Cent louis !

TIMANTE.

Vous peut-on traiter plus doucement ?

JACQUEMIN.

Mais...

CRISPIN.

Monsieur Jacquemin, là.

JACQUEMIN.

Quoi ?

CRISPIN.

Point de querelle.
Voulez-vous disputer pour une bagatelle ?
Monsieur est raisonnable, il vous aime : en neuf ans.
Songez qu'il vous remet près de cinq mille francs.

Tant pour sa garnison que pour d'autres affaires
Il a besoin d'argent.

JACQUEMIN.

Voyons donc les notaires.
Monsieur, vous voulez bien que nous allions à Sens?

TIMANTE.

Quoi! pour renouveler votre bail? j'y consens;
Mais la mort de mon pere à tant de soins m'engage,
Que ne pouvant tarder ici de ce voyage,
Je vous vais seulement signer que je promets
De vous faire par an cinq cents francs de rabais.
Il ne faut qu'au vieux bail ajouter cette clause.

JACQUEMIN.

Je vais quérir l'argent; entrez.

TIMANTE.

Non, et pour cause;
Nous sommes pour cela fort bien dans cette cour.
Du défunt autrefois ces lieux étoient l'amour,
Et dans l'accablement où sa perte me plonge
Je n'y saurois entrer sans...

JACQUEMIN, *s'affligeant.*

Monsieur, quand j'y songe...

CRISPIN.

Que c'étoit un brave homme!

JACQUEMIN.

Oui, sans doute, Crispin.

CRISPIN, *montrant son maître.*

Ne pleurez plus. Songez...

JACQUEMIN, *s'en allant.*

J'entends. Oh! Mathurin!

SCENE V.

Perrette, promptement qu'il apporte une table.
(*Perrette rentre.*)

CRISPIN, *allant après Jacquemin.*

Monsieur le receveur, je suis un pauvre diable;
Souvenez-vous de moi, j'ai parlé comme il faut.
(*à Timante.*)
Tout va bien, monsieur.

SCENE VI.

TIMANTE, CRISPIN.

TIMANTE.

Oui : délogeons au plutôt;
Cours à l'hôtellerie; et pour partir sur l'heure
Fais brider nos chevaux.

CRISPIN.

Mais si je ne demeure,
Ma part du pot-de-vin...

TIMANTE.

Tu reviendras après.

PERRETTE, *faisant apporter par Mathurin une table et un siege, du papier et une écritoire.*

Je m'en vais avoir peur de tous les chiens barbets :
Je viens d'en voir un là plus grand qu'à l'ordinaire,
Que je croyois qui fût l'ame de votre pere :
Le sang m'a remué jusqu'au fin bout des doigts.
Vous est-il apparu du jour?

TIMANTE.

Cinq ou six fois.

LE DEUIL.

PERRETTE.

De quel poil?

CRISPIN.

Il étoit roux-gris.

PERRETTE.

C'est lui peut-être.
Va voir si tu pourras, Crispin, le reconnoître;
Il est dans la cuisine.

CRISPIN.

A-t-il le nez camus?

PERRETTE.

Hé!...

TIMANTE.

Cours où je t'envoie, et ne raisonne plus.
(*Crispin sort.*)

SCENE VII.

TIMANTE, PERRETTE.

TIMANTE.

Babet est donc partie?

PERRETTE.

Oui, monsieur, et son pere
Lui fait faire un voyage assez peu nécessaire.
Je crois qu'elle en enrage.

TIMANTE.

Et d'où vient?

PERRETTE.

Entre nous,

SCENE VII.

Il faut qu'elle ait, monsieur, quelque chose pour vous.
Elle me dit souvent que vous êtes si sage,
Si rempli de bonté, si discret, que je gage...

SCENE VIII.

JACQUEMIN, TIMANTE, PERRETTE.

JACQUEMIN, *une bourse à la main.*
Cette bourse a, monsieur, de quoi vous contenter.
Sept cents louis... Voyons si...

TIMANTE.
      Je prends sans compter.

JACQUEMIN.
Ils sont en petits lots roulés tous par cinquante,
Hors ceux du pot-de-vin, qui, contre mon attente,
Vont, en vous les donnant, me réduire à l'emprunt.
Je les tenois tout prêts pour le pauvre défunt.

TIMANTE.
Eh! vous n'en manquez pas.

JACQUEMIN.
      Chacun sait ses affaires ;
Monsieur, au temps qu'il est on n'en amasse gueres.
Voici le bail.

TIMANTE.
  Donnez ; quatre lignes au bas,
Attendant mon retour, vaudront mille contrats.
(*pendant que Timante écrit sur la table, Jacquemin
et Perrette disent les quatre vers suivans.*)

JACQUEMIN.
Perrette, que je perds à la mort de Pirante !

Etre mort sans le voir!
PERRETTE.
Oui, la chose est touchante;
Mais, monsieur, je crains bien qu'il revienne céans.
Un certain grand barbet que j'ai vu là-dedans...

TIMANTE, *les interrompant en achevant d'écrire.*

Fait ce... 1673.   TIMANTE.

JACQUEMIN, *lit haut.*

« Je soussigné confesse avoir reçu de monsieur
« Jacquemin, la somme de six mille six cents livres,
« qui, jointe à deux mille quatre cents livres qu'il
« avoit payées à feu mon pere, sans quittance, l'ac-
« quittent de l'année échue à Pâques dernier. Plus,
« j'ai reçu cent louis d'or pour le pot-de-vin du nou-
« veau bail que je m'oblige de lui passer devant les
« notaires, toutefois et quantes, aux mêmes clauses
« et conditions de celui-ci, à la réserve du prix qui
« ne sera à l'avenir que de huit mille cinq cents livres.
« Fait ce..... mil six cent soixante-treize.

« TIMANTE. »

TIMANTE, *à Jacquemin.*

En est-ce assez?

JACQUEMIN.

C'est plus qu'il n'étoit nécessaire.
Chacun, ainsi que vous, n'est pas fils de son pere.
De l'air dont sur-le-champ vous dressez un acquit,
On voit bien qu'il vous a fait part de son esprit.
J'ai peine à croire encor qu'il soit mort.

TIMANTE.

Je vous quitte;

SCENE VIII.

Plus je suis avec vous, plus ma douleur s'irrite.
Adieu, vous me verrez avant qu'il soit un mois.
Toi, Perrette, viens çà; songe à moi quelquefois:
Tiens; et si Nicodême un jour te prend pour femme,
  (*lui donnant deux pistoles.*)
Crois....

PERRETTE.

  Vous aurez, monsieur, tout pouvoir.

JACQUEMIN.

         La bonne ame!
Au moins ne partez pas sans m'envoyer Crispin.

TIMANTE.

Il viendra vous trouver.

JACQUEMIN.

       Qu'il vienne; car enfin
Il est bon que chacun soit content.
     (*Timante sort.*)

SCENE IX.

PERRETTE, JACQUEMIN.

PERRETTE.

      Notre maître,
Le brave jeune homme! Ah! quand je l'ai vu paroître,
J'ai bien cru qu'il avoit pour nous un bon dessein.

JACQUEMIN.

C'est son pere tout fait.

PERRETTE.

    Fi, c'étoit un vilain,
Un ladre.

LE DEUIL.

JACQUEMIN.

Il ne faut pas appeler vilainie
Ce que les gens sensés nomment économie;
La différence est grande, et quiconque dira
Que Pirante...

PERRETTE.

Il étoit tout ce qu'il vous plaira;
Mais il ne m'a jamais donné la moindre chose.
A propos de donner (car il faut que je cause,
Et qu'au moins une fois je décharge mon cœur)
Quand il faut desserrer vous avez belle peur.
Depuis six ans entiers que votre femme est morte,
Le faix est lourd, et c'est Perrette qui le porte.
Aux champs comme à la ville ai-je quelque repos?
Je ne recule à rien, tout tombe sur mon dos.
Quel bien m'avez-vous fait?

JACQUEMIN.

Perrette, patience :
Tout vient avec le temps ; j'ai de la conscience,
Et dans mon testament tu verras...

PERRETTE.

Justement.
Me voilà bien chanceuse avec son testament!
Des avaricieux c'est l'excuse ordinaire :
Ils donnent tout leur bien quand ils n'en ont que faire.
Vos écus, dont l'amas vous est encor si doux,
Voulez-vous point les faire enterrer avec vous?
Franchement je m'en lasse, et pour toutes mes peines
Je mériterois bien qu'aux foires, aux étrennes,
Vous ouvrissiez la bourse. Un homme veuf, à Sens,

Me fait pour le servir presser depuis long-temps :
Si je vous veux quitter il m'offre de bons gages.
JACQUEMIN.
Tais-toi, je t'aurois fait de plus grands avantages
Si je n'avois pas craint de faire babiller :
Mais Babet au plutôt se doit faire habiller ;
En achetant pour elle, il faut qu'elle te donne...
Car, vois-tu, j'aimemieux, de peur qu'on me soupçonne...
PERRETTE.
Que soupçonneroit-on à soixante-cinq ans ?
JACQUEMIN.
Il s'en faut quelque chose, et...
PERRETTE.
                       Chacun a son temps :
Le vôtre est fait. Pour elle, un mari, ce me semble,
Lui viendroit bien à point; ils vivroient bien ensemble.
JACQUEMIN.
A son âge un mari !
PERRETTE.
             Quoi ! vous vous effrayez !
JACQUEMIN.
Elle n'a que vingt ans ; c'est un enfant.
PERRETTE.
                           Voyez
Qu'il en meurt tous les jours faute d'âge.
JACQUEMIN.
                              Es-tu folle ?
La marier ?

SCENE X.

PERRETTE, JACQUEMIN, PIRANTE.

PERRETTE, *apercevant Pirante, et tirant par le bras Jacquemin.*
Monsieur! Ah! je perds la parole. Miséricorde!

JACQUEMIN.
Qu'est-ce? où vas-tu?

PERRETTE.
Le lutin...

(*En s'enfuyant.*)
Ah!

JACQUEMIN, *revenant sur le bord du théâtre.*
Que veut-elle dire?

SCENE XI.

JACQUEMIN, PIRANTE.

PIRANTE, *frappant sur l'épaule de Jacquemin.*
Ho! monsieur Jacquemin.

JACQUEMIN, *s'enfuyant avec précipitation.*
A l'aide!

PIRANTE.
En me voyant, s'écrier de la sorte!
Fuir sans vouloir m'entendre, et me fermer la porte!
Suis-je pestiféré? Que veut dire ceci?
Mais quelqu'un de ses gens m'en peut rendre éclairci;
L'un d'eux vient à propos.

SCENE XII.

PIRANTE, NICODEME.

NICODÊME, *venant avec une grande fourche de bois sur son épaule, et chantant cette chanson sur le chant*: Une et deux et trois et quatre et cinq et six, Sept et huit et neuf et dix, Onze et douze et treize, etc.

>Blaise en revenant des champs,
>   Tout dandinant,
> Il trouvit la femme à Jean;
>   Et puis ils s'en furent
>   Dans une masure.

>Un vigneron, près de là,
>   Voyant cela,
> Leur dit : Que faites-vous là?
>   A quoi répond Blaise :
>   Je nous fons bien aise.

PIRANTE, *abordant Nicodême.*
     Dieu te gard', Nicodême.

NICODÊME.
Bonjour, monsieur Pirante. Ah! c'est donc vous?

PIRANTE.
        Moi-même.

NICODÊME.
Vous me voyez joyeux, toujours bon appétit.

PIRANTE.
L'appétit et la joie entretiennent l'esprit.

NICODÊME.
J'aime à rire, à chanter, à me bailler carriere;

Et j'ai toujours été bâti de la magniere.
Vous êtes bien gaillard?

PIRANTE.

Oui, je me porte bien.

NICODÊME.

Quand j'avons la santé, je ne manquons de rien;
Morgué! c'est un grand point.

PIRANTE.

Il est vrai; mais ton maître
Comment est-il?

NICODÊME.

Comment? il est comme il doit être,
Toujours bien essoufflé quand il marche.

PIRANTE.

A-t-il eu
Quelque mal violent?

NICODÊME.

Pourquoi?

PIRANTE.

Quand il m'a vu
Il s'est mis à crier d'un ton épouvantable,
Et n'auroit pas mieux fui s'il avoit vu le diable.
Est-il devenu fou?

NICODÊME.

Peste! il n'est pas si sot.
Tout vieux barbon qu'il est, il dit encor le mot.
C'est un brave homme.

PIRANTE.

Mais par quelle extravagance,
Criant tout haut à l'aide, a-t-il fui ma présence?

SCENE XII.

Il est donc possédé ?

NICODÊME.

Vous vous gaussez de nous ;

Bon ! s'enfuir ! hier encore il nous parloit de vous,
But à votre santé jusqu'à parte d'haleine,
Nous dit que vous vienriez possible dans quinzaine.

PIRANTE.

Oui, je l'avois écrit.

NICODÊME.

Eh bien donc ?

PIRANTE.

Mais depuis
J'ai changé de dessein.

NICODÊME.

Je vas faire ouvrir l'huis,
Et quand il vous varra...

PIRANTE.

Je te dis, Nicodême,
Qu'il m'a vu, reconnu.

NICODÊME.

C'est queuque stratagême ;
Car il n'étoit pas fou quand j'avons déjeûné :
Lui-même dans ces champs il m'a là-bas mené.
Depuis je ne dis pas ; mais j'allons voir. Parrette !
  (*frappant à la porte.*)

PERRETTE, *en dedans.*

Qui frappe ?

NICODÊME.

Nicodême : ouvre.

PERRETTE, *ouvre la porte, et voyant Pirante, la referme en disant :*
Ah!
NICODÊME.
Comme on nous traite!
Alle a le diable au corps.
PIRANTE.
Tu vois si j'ai raison.
NICODÊME.
Oh! pargué, j'entrerons pourtant dans la maison :
Ouvre.
(*frappant.*)
PIRANTE.
Le mal du maître a gagné la servante.
PERRETTE, *en dedans.*
Qui heurte?
NICODÊME.
Nicodême, avec monsieur Pirante;
Il vient voir notre maître.
PERRETTE, *en dedans.*
Hélas! c'est fait de toi,
Nicodême, s'il faut qu'il te touche.
NICODÊME.
Pourquoi?
PERRETTE, *en dedans.*
Monsieur Pirante est mort, on en a la nouvelle;
Ce n'est que son esprit qui revient.
PIRANTE.
Que dit-elle?

SCENE XII.

NICODÊME.

All' dit qu'ous êtes mort, et que c'est votre esprit
Qui me parle. Pourquoi ne me l'avoir pas dit?
Vous avez tort.

PIRANTE.

Jamais fut-il rien de semblable?
Quoi! Nicodême, on veut...

NICODÊME.

Vous êtes mort; au diable!

PIRANTE.

Mais si...

NICODÊME, *lui présentant sa fourche.*

N'approchez pas; voyez-vous, vertuchou!
Je vous enfourcherions par le chignon du cou.
Adieu.

PIRANTE.

Tu ne vois pas la piece qui t'est faite.
Je serois mort?

NICODÊME.

Oui, vous. N'est-il pas vrai, Parrette,
Que tu dis qu'il est mort?

PERRETTE, *en dedans.*

Il l'est plus de six fois :
Ce n'est que son fantôme à présent que tu vois.
Garde qu'il ne t'approche, et qu'il ne te secoue;
Le moindre de ses doigts...

NICODÊME, *lui montrant sa fourche.*

Ah! morgué, qu'il s'y joue,
Il varra.

PIRANTE.

Nicodême?

NICODÊME.

Oh! je ne voulons point
Etre aveuc les fantôms; on sait, s'il vient à point,
Comme ils traitont les gens quand ils trouvent leur belle.
Tatigué! queu malin!

PIRANTE.

La folie est nouvelle!

NICODÊME.

Je ne vous charchons point, laissez-nous en repos.

PIRANTE.

Laisse-moi seulement te dire quatre mots:
C'est peu de chose.

NICODÊME.

Eh bien! si votre ame est en peine,
Parlez, j'irons pour vous courir la prétentaine;
Mais morgué! sans façon n'approchez que de loin.

PIRANTE.

Le jugement peut-il te manquer au besoin?
Je n'ai rien de changé; tu le vois, Nicodême:
Je parle, marche, agis: les morts font-ils de même?
Jamais...

NICODÊME.

Oh! palsangué, vous m'en contez bien là.
Avons-je été morts, nous, pour savoir tout cela?
C'est bien philosopher!

PIRANTE.

Du moins fais que ton maître,
Pour m'entendre un moment, se mette à la fenêtre;

SCENE XII.

Je serai satisfait.

NICODÊME.

Il y venra fort bien :
Pourquoi non ? quand on a du cœur on ne craint rien.
Parrette !

PERRETTE, *en-dedans*.

Est-il parti, Nicodême ?

NICODÊME.

Lui ? voire !
Je lui dis qu'il est mort ; mais il n'en veut rien croire,
Et je ne li saurois faire entendre raison.
Notre maître est-il là ? Morgué ! je tiendrai bon :
Qu'il vienne à la fenêtre ; avec ma fourche seule,
Si l'esprit fait un pas, je li sangle la gueule.

PIRANTE.

Mais tu me crois donc mort ?

NICODÊME.

Oui, pargué ! je le croi.

PIRANTE.

Tu peux t'en éclaircir ; approche, touche-moi.

NICODÊME.

Tatigué ! je n'ai garde ; on voit à votre face
Que d'un homme entarré vous avez la grimace.

SCENE XIII.

JACQUEMIN, PIRANTE, NICODEME.

JACQUEMIN, *à la fenêtre*.

Il faut me hasarder. On me l'avoit bien dit

Que vous pourriez venir m'apporter un acquit :
Mais des huit cents écus je ne suis plus en peine :
On m'en a tenu compte, et votre crainte est vaine.
Allez; puisse votre ame avoir un plein repos!

PIRANTE.

De quoi me parlez-vous? je suis de chair et d'os :
Voyez-moi bien; je vis. Qui vous rend si crédule
Que de vous entêter d'un conte ridicule?
A votre âge êtes-vous de si légere foi?
Et voit-on bien des morts qui parlent comme moi?

JACQUEMIN.

On diroit en effet que vous êtes en vie.
Seriez-vous échappé de votre apoplexie?
Ou si, quand on est mort, on peut ressusciter?
Car monsieur votre fils, que je viens de quitter,
Et qui porte un grand deuil, lui-même a pris la peine
De venir m'annoncer...

PIRANTE, *s'avançant.*

Quoi! mon fils?...

NICODÊME, *lui présentant sa fourche.*

Ah! morguenne,
N'avancez point.

JACQUEMIN.

Tout beau, Nicodême; j'entends
Qu'on respecte monsieur.

NICODÊME.

Morgué! c'est perdre temps :
Descendez sans rien craindre, ou bien qu'il se retire.
Son fantôme n'est pas si diable qu'on veut dire;
Je ne vois rien en lui qu'on ne voie à chacun :

SCENE XIII.

S'il fait trop le méchant, je serons deux contre un.
    PIRANTE.
Nicodême a raison : pourquoi tant de foiblesse ?
    JACQUEMIN.
Enfin j'ouvre les yeux, et vois qu'on m'a fait piece.
Je descends.
   NICODÊME, *à Pirante.*
    Vous voyez qu'ous êtes satisfait.
Mais point de trahison ; car franchement, tout net,
Fussiez-vous un satan...
    PIRANTE.
      Ne crains rien, Nicodême.
  JACQUEMIN, *sortant de la maison.*
Ah, monsieur !
    NICODÊME.
   Point de peur, et ne soyez point blême.
   JACQUEMIN, *à Pirante.*
Votre fils, par son deuil, a trop su me duper,
Et n'a feint votre mort qu'afin de m'attraper.
Comme à votre héritier, après ce coup funeste,
Trouvant que je devois six cents louis de reste,
Je viens présentement de les compter...
    PIRANTE.
        A lui ?
    JACQUEMIN.
A lui-même. Voyez son acquit d'aujourd'hui.
    PIRANTE.
Nous fourber l'un et l'autre avec tant d'impudence !
Peut-être il n'est pas loin. Vîte, allons.

LE DEUIL.

JACQUEMIN.

Patience;
Nous en aurons raison; j'attends ici Crispin :
Entrez pour un moment là-dedans.

PIRANTE.

Le coquin!

PERRETTE, *sortant de la maison.*
Vous n'êtes donc pas mort, monsieur?

PIRANTE.

L'effronterie!
Prendre le deuil!

NICODÊME.
Voyez, avec l'apoplexie.

PERRETTE.
Ils ne se doutoient pas qu'il en fût revenu.

SCENE XIV.

PERRETTE, NICODEME, CRISPIN, JACQUEMIN, PIRANTE, *caché.*

NICODÊME, *à Crispin.*
Morgué! com' te v'là fait! Qui t'auroit reconnu?
Queul habit!

CRISPIN.
Tout un an il faut être de même;
Notre vieux maître est mort, mon pauvre Nicodême.

NICODÊME.
Eh! ne devoit-il pas s'empêcher de mourir?
En sa place, morgué! je m'aurois fait guarir.

SCENE XIV.

CRISPIN.

Mais tu sais qu'à la mort il n'est point de remede.

NICODÊME.

Morgué! j'appellerois vingt sorciers à mon aide
Plutôt que de mourir.

CRISPIN.

    Fort bien; mais il est mort.

NICODÊME.

Tant pis pour lui.

JACQUEMIN.

   Crispin, vieus-çà; je craignois fort
Qu'on ne te fît partir sans que je te revisse.

CRISPIN.

Ah! je suis pour cela trop à votre service.

JACQUEMIN.

C'est à toi que je dois le rabais qu'on m'a fait :
Il étoit juste aussi de m'en faire.

CRISPIN.

      En effet
Payer neuf mille francs, c'étoit trop.

JACQUEMIN.

     Ton salaire
Est tout prêt.

CRISPIN.

Oh! monsieur.

JACQUEMIN.

     Mais si tu pouvois faire
Que de huit mille francs toujours prêts à compter
Ton maître à l'avenir voulût se contenter,
Je donnerois encor cent louis tout-à-l'heure.

CRISPIN.
Il faut lui proposer; attendez-moi.
JACQUEMIN.
Demeure.
Puisqu'il n'est pas parti, je veux t'accompagner.
CRISPIN.
Venez, avecque lui vous pouvez tout gagner.
Il ne ressemble point à son vilain de pere :
C'étoit un franc avare, un vrai prône-misere;
Et s'il ne se fût point avisé de mourir,
Sa lésinante humeur nous eût bien fait souffrir.
JACQUEMIN.
Tu le pleurois pourtant tout-à-l'heure.
CRISPIN.
Sans doute :
Il falloit bien pleurer; qu'est-ce que cela coûte?
Quoique pour notre joie il soit mort un peu tard,
C'est toujours être mort.
PIRANTE, *qui écoutoit.*
Ah! je te tiens, pendard!
CRISPIN, *feignant d'avoir peur.*
Au secours!
PIRANTE.
Tu me crains! je suis donc mort?
PERRETTE.
Courage.
Dis que c'est son esprit qui revient.
CRISPIN.
Ah! j'enrage.

SCENE XIV.

NICODÊME.

As-tu peur du fantôme, et n'oses-tu parler?

PIRANTE.

Tu me fais donc mourir afin de me voler,
Scélérat?

NICODÊME.

Là, réponds;

PIRANTE.

Ah! je te ferai pendre.

CRISPIN.

Monsieur, n'en faites rien : je vais vous tout apprendre.
Pour tirer votre argent de monsieur Jacquemin,
Votre fils avec lui m'a fait jouer au fin ;
Mais j'ai plus à vous dire : il s'est à la sourdine
Marié depuis peu.

PIRANTE.

Le traître me ruine.
Quelque gueuse l'aura fait prendre sur le fait.
Qu'a-t-il donc épousé? Qui?

CRISPIN.

Madame Babet.

JACQUEMIN.

Ma fille?

CRISPIN.

Votre fille.

JACQUEMIN.

Au déçu de son pere!
L'effrontée!

PERRETTE.

Il l'aimoit; il l'épouse : que faire?

LE DEUIL.

JACQUEMIN.

Tu l'as donc su?

PERRETTE.

Moi? non. Mais enfin quand les gens...

PIRANTE.

Qu'on la fasse venir.

CRISPIN.

Elle est allée à Sens.
Mon maître l'y doit joindre; et de là, ce me semble,
Ils se sont dit le mot pour s'en aller ensemble.

JACQUEMIN, *à Pirante.*

Monsieur, je suis fâché...

PIRANTE.

Non, monsieur Jacquemin,
Ce peut être une fourbe; il en faut voir la fin.
(*à Crispin.*)
Mon fils t'attend?

CRISPIN.

Monsieur, il est au Mouton-Rouge;
Je m'en vais l'avertir, si vous voulez.

PIRANTE.

Ne bouge.
(*à Jacquemin.*)
Il faut l'aller surprendre; et s'il est marié,
Babet est ma filleule, il est justifié.
Elle mérite assez d'entrer dans ma famille.
Allons.

JACQUEMIN.

Ah! c'est, monsieur, trop d'honneur pour ma fille

SCENE XIV.

NICODÊME, *à Jacquemin.*

Comme vous êtes riche, il faut...

JACQUEMIN.

Moi riche? abus!

Je n'ai rien.

NICODÊME.

Eh! morgué, dégaînez vos écus.
A-vous peur, sous vos pieds, que la tarre vous faille?

JACQUEMIN.

Il faut me laisser vivre : après vaille que vaille;
Si j'ai quelque pistole, on me la trouvera.

PIRANTE.

Eh! monsieur Jacquemin, on s'accommodera.
Je voudrois seulement que Babet elle-même...

PERRETTE.

Elle vient de partir; cours après, Nicodême :
Tu la rattraperas.

NICODÊME.

Je vais prendre un cheval :
Laisse-moi faire.

CRISPIN.

Enfin cela ne va pas mal.

PERRETTE.

Tu fais donc trépasser les gens sans qu'ils le sachent?

PIRANTE.

Souvent dans leurs desseins les jeunes gens se cachent.
Allons tout éclaircir, et, si l'hymen est fait,
Je pardonne à mon fils, pardonnez à Babet.

FIN DU DEUIL.

EXAMEN
DU DEUIL.

Cette piece est dialoguée agréablement, et le fond en est comique : ces avantages suffisent pour le succès d'une piece en un acte. On pourroit desirer plus de choix dans les plaisanteries et plus d'élégance dans le style; mais, comme nous l'avons déja observé, il ne faut chercher dans Hauteroche ni mérite littéraire ni gaieté délicate.

Le défaut qui frappe le plus à la représentation du Deuil tient à la maniere dont l'intrigue est conçue. Dans le commencement, on voit un jeune homme qui s'approprie l'argent de son pere pour aller vivre avec sa maîtresse, à laquelle il est lié par un mariage secret; aussitôt après les amans disparoissent pour ne plus revenir; et tout le comique se borne à la frayeur que Pirante, cru mort, inspire à Jacquemin et à Perrette. Ce changement de personnages est contraire aux lois du théâtre.

Le spectateur exige avec raison que ceux qu'on lui présente dans les premieres scenes d'une piece continuent à l'occuper jusqu'à la fin de l'ouvrage; si cet ordre est interverti, son attention est partagée, et l'effet dramatique ne peut manquer d'être affoibli. Le peu d'importance de l'intrigue du Deuil excuse en quelque sorte cette faute; comme on ne s'intéresse à aucun personnage, comme rien n'est pris au sérieux, on passe volontiers sur cette incohérence.

On doit aussi observer que le nœud de cette piece est beaucoup trop foible. Quel est le but de Timante? c'est d'épouser Babet. A-t-il besoin de voler son pere pour y parvenir? Non, sans doute. Ce pere, représenté comme un avare, trouvera sûrement son fils très raisonnable d'avoir choisi pour femme l'unique héritiere d'un riche paysan : ce qui le prouve, c'est qu'à la fin il ne fait aucune difficulté de consentir à ce mariage. Le spectateur s'aperçoit donc trop que le stratagème du jeune homme n'est placé là que pour donner lieu à des scenes comiques : cela est contraire aux préceptes d'un art qui tire ses plus grands effets d'une vraisemblance convenue.

Au reste, Hauteroche a du moins atteint son but principal, qui étoit de faire rire. Quand on a obtenu cet avantage dans une piece en un acte, on craint peu la critique, qui perdroit son temps si elle discutoit trop sérieusement les défauts d'un ouvrage auquel le spectateur et l'auteur même ne paroissent attacher aucune importance.

FIN DE L'EXAMEN DU DEUIL.

CRISPIN MÉDECIN,

COMÉDIE

EN TROIS ACTES ET EN PROSE,

D'HAUTEROCHE,

Représentée, pour la premiere fois, en 1674.

ACTEURS.

LISIDOR, pere de Géralde.
GÉRALDE, amant d'Alcine.
MIROBOLAN, médecin, pere d'Alcine.
FÉLIANTE, mere d'Alcine.
DORINE, servante de Féliante.
MARIN, valet de Lisidor.
CRISPIN, valet de Géralde.
LISE, servante.
GRAND-SIMON, magister de village.

La scene est à Paris.

CRISPIN MÉDECIN,
COMÉDIE.

ACTE PREMIER.

Le théâtre représente une rue.

SCENE PREMIERE.

LISIDOR, MARIN.

MARIN.

Quoi! monsieur, vous voulez vous remarier, dites-vous?

LISIDOR.

Oui, oui, je veux me remarier; et pour cet effet j'ai envoyé mon fils à Bourges, sous prétexte d'étudier encore quelque temps la jurisprudence.

MARIN.

Suffit : mais peut-on vous demander comment se nomme celle que vous voulez épouser?

LISIDOR.

C'est Alcine.

MARIN.

Quoi! la fille de monsieur le médecin Mirobolan?

LISIDOR.

Oui.

MARIN.

Vous vous raillez, monsieur; cette fille n'a pas plus de dix-huit ans, et seroit plus propre pour monsieur votre fils que pour vous.

LISIDOR.

Je ne veux pas que mon fils se marie de trois ou quatre ans.

MARIN.

Mais, monsieur, pensez-vous bien à ce que vous faites quand vous formez le dessein d'épouser Alcine?

LISIDOR.

Comment! si j'y pense? Oui, oui, j'y pense, et fortement. Elle est belle, elle est sage, elle est jeune, elle est spirituelle; enfin elle a des qualités qui ne sont pas communes.

MARIN.

Eh! ce sont toutes ces belles qualités qui devroient vous empêcher d'y songer; car, à dire le vrai, toutes ces choses ne s'accordent guere bien avec un vieillard.

LISIDOR.

Eh! je ne suis point tant vieux.

MARIN.

Non-dà: si nous étions au temps où les hommes vivoient sept ou huit cents ans, vous ne seriez encore qu'un jeune adolescent; mais dans celui où nous sommes, je vous tiens fort avancé dans la carriere.

ACTE I, SCENE I.

LISIDOR.

Mais soixante ans...

MARIN.

Ma foi, à n'en point mentir, je crois que vous en avez pour le moins douze ou quatorze de plus ; car je me souviens que l'autre jour le bon homme Pyrante, buvant avec vous le petit coup, disoit qu'il en avoit soixante-six ; que vous étiez en philosophie qu'il n'étoit encore qu'en cinquieme, et qu'à la tragédie du college il jouoit le Cupidon quand vous représentiez l'Empereur.

LISIDOR.

Il ne sait ce qu'il dit là-dessus : il est de ces gens qui se veulent faire plus vieux qu'ils ne sont.

MARIN.

Laissons l'âge à part ; aussi bien, comme on dit, il n'est que pour les chevaux, monsieur ; mais parlons un peu de votre mariage. Croyez-vous que monsieur Mirobolan et que Féliante, sa femme, vous accordent leur fille, n'ayant que cette enfant-là ? Quand on n'a qu'une fille unique, et qu'on la marie, c'est dans l'espérance de voir naître d'elle de petits poupons ; mais, à ne rien déguiser, si vous l'épousez, ils courent grand risque de n'avoir jamais cette joie... Et maintenant que la cour des aides est supprimée...

LISIDOR.

Ce n'est pas là ton affaire, et je sais bien ce que je fais : quand elle sera ma femme, nous ferons tout ce qu'il faudra faire.

MARIN.

Ma foi, je doute qu'elle la soit jamais.

LISIDOR.

Et moi j'en suis fort assuré. Mirobolan est un homme de parole : il me l'a promise de lui à moi.

MARIN.

C'est quelque chose que cela; mais vous savez que Féliante est une maîtresse femme; et, si je ne me trompe, elle a la mine de porter le haut-de-chausses.

LISIDOR.

Je sais qu'elle est un peu fiere; mais les avantages que je ferai à sa fille adouciront cette fierté. Et puis un mari est toujours le maître de sa femme.

MARIN.

Toujours! Ma foi, j'en vois beaucoup qui n'en demeurent pas d'accord, et qui voudroient de tout leur cœur que vous eussiez dit vrai. Mais voilà monsieur Mirobolan qui sort de chez lui.

SCENE II.

MIROBOLAN, LISIDOR, MARIN.

MIROBOLAN.

Ah! c'est donc vous, monsieur Lisidor?

LISIDOR.

A votre service. Je venois pour vous parler de cette affaire.

MIROBOLAN.

De quelle affaire, monsieur Lisidor?

ACTE I, SCENE II.

LISIDOR.

Eh! là, de ce que vous savez.

MIROBOLAN.

Quoi, monsieur Lisidor?

LISIDOR.

De l'affaire dont nous avons parlé ensemble.

MIROBOLAN.

Quand, monsieur Lisidor?

LISIDOR.

Eh! plusieurs fois.

MIROBOLAN.

Où, monsieur Lisidor?

LISIDOR.

En divers endroits.

MIROBOLAN.

Je ne sais ce que c'est, monsieur Lisidor.

LISIDOR.

C'est touchant le mariage de mademoiselle votre fille et de moi.

MIROBOLAN.

Ah! ce n'est que cela, monsieur Lisidor? Je croyois que c'étoit toute autre chose. Touchez là. Vous savez la parole que je vous ai donnée ; vous n'avez qu'à choisir le jour : soyez certain que vous êtes le maître de cette affaire.

LISIDOR.

Je vous suis obligé ; mais avez-vous pris la peine d'en parler à madame votre chere moitié?

MIROBOLAN.

Non, mais je vous réponds de son consentement :

elle est soumise à nos volontés ; et puis je saurois bien la réduire si elle faisoit la difficile. Je suis le maître, une fois, monsieur Lisidor ; et nous savons, Dieu merci, mettre une femme à la raison.

LISIDOR.

Je n'en doute point.

MIROBOLAN.

Je voudrois bien qu'elle eût soufflé devant moi, et qu'elle s'avisât de traverser ce que j'aurois résolu ; je lui ferois bien voir que son cheval ne seroit qu'une bête, monsieur Lisidor. Mais, grace au ciel, je n'en suis point à la peine ; et ma femme, en un mot, fait tout ce que je souhaite.

LISIDOR.

Trouvez bon, s'il vous plaît, que vous et moi lui portions les premieres paroles : c'est une bienséance que je dois observer en son endroit ; et vous savez que le sexe est jaloux de ces petites formalités.

MIROBOLAN.

Volontiers ; et pour cet effet je vais la faire venir. (*il entre.*)

LISIDOR.

Eh bien ! Marin, qu'en dis-tu ?

MARIN.

Tout cela va fort bien, et j'en suis fort aise à cause de monsieur votre beau-pere.

SCENE III.

LISIDOR, MIROBOLAN, FÉLIANTE, MARIN.

MIROBOLAN.

Ma femme, voilà notre bon ami monsieur Lisidor.

FÉLIANTE.

Ah ! je suis sa servante, et suis ravie de le voir.

MIROBOLAN, *bas, à Lisidor.*

Parlez le premier ; la chose en aura meilleure grace.

LISIDOR, *bas.*

C'est à vous à commencer ; après je continuerai.

MIROBOLAN, *bas.*

Vous vous expliquerez mieux que moi.

LISIDOR, *bas.*

Point du tout : d'ailleurs, la raison veut que vous ouvriez le discours.

MIROBOLAN, *bas.*

C'est à vous à faire le premier pas.

LISIDOR, *bas.*

Je l'ai fait en votre endroit ; et vous devez, avant que je lui parle, la disposer...

FÉLIANTE.

Au moins dites-moi quelle contestation vous avez ensemble, et le sujet pourquoi vous m'avez fait venir ici.

LISIDOR.

Madame, c'est une petite bagatelle.

MIROBOLAN.

Ma femme, c'est notre ami monsieur Lisidor qui demande notre fille en mariage.

FÉLIANTE.

Et pour qui?

LISIDOR.

Pour moi, madame; mais à des conditions qui peut-être ne vous seront pas désagréables. Sans doute que mon âge vous donnera quelque répugnance pour ce mariage; mais, madame, quand vous saurez que je lui fais de grands avantages, que je la prends sans que vous déboursiez un sou, et que monsieur votre mari m'en a donné sa parole, j'ose espérer que vous me ferez la même grace.

FÉLIANTE.

Toutes ces choses sont fort considérables; mais votre âge, monsieur, ne convient point avec celui de ma fille: pour éviter les disgraces qui pourroient arriver à ma famille, trouvez bon que je vous refuse mon consentement.

LISIDOR.

Mais, madame, votre mari m'en a donné sa parole.

FÉLIANTE.

Je le crois; mais selon l'apparence il n'y a pas fait de réflexion: car sans doute il auroit été de mon sentiment.

ACTE I, SCENE III.

LISIDOR.

Monsieur, vous savez ce que vous m'avez promis.

FÉLIANTE.

Je crois encore un coup qu'il vous l'a promise; mais il peut vous la dépromettre, car sûrement il n'en sera rien.

LISIDOR.

Monsieur, un homme d'honneur doit tenir ce qu'il promet. Parlez: ne m'avez-vous pas promis votre fille en mariage?

MIROBOLAN, *hésitant.*

Eh!... tout cela est vrai.

FÉLIANTE.

Eh bien! s'il vous l'a promise, je ne vous l'ai pas promise, moi, et c'est assez.

MIROBOLAN.

Ma femme...

FÉLIANTE.

Eh! mon dieu, laissez-moi parler; je sais fort bien ce que je fais.

MIROBOLAN.

Mais il faudroit...

FÉLIANTE.

Il faudroit ne pas promettre si facilement. Encore une fois il n'en sera rien, et vos raisons ne peuvent être que très mauvaises sur ce chapitre. (*à Lisidor.*) Adieu, monsieur; mettez-vous en tête que ma fille est ma fille, que vous ne l'aurez jamais, que c'est moi qui vous le dis, qui suis votre très humble servante.

SCENE IV.

MIROBOLAN, LISIDOR, MARIN.

MARIN, *à Mirobolan.*

Monsieur!

MIROBOLAN.

Que veux-tu ?

MARIN.

« Je suis le maître, une fois; et nous savons, dieu
« merci, mettre une femme à la raison. Je voudrois
« bien qu'elle eût soufflé devant moi, et qu'elle s'a-
« visât de traverser ce que j'aurois résolu; je lui ferois
« bien voir que son cheval ne seroit qu'une bête,
« monsieur Lisidor. Mais, grace au ciel, je n'en
« suis point à la peine; et ma femme en un mot fait
« tout ce que je souhaite. »

LISIDOR, *à Mirobolan.*

En effet, Marin a raison; et ce sont les discours
que vous me teniez avant que nous eussions parlé à
votre femme.

MIROBOLAN.

Il est vrai ; mais il faut se donner un peu de patience : il ne faut pas toujours s'emporter d'abord ;
l'on doit quelquefois apporter quelque tempérance
aux choses. Je vous tiendrai parole ou... Allez, laissez-moi faire.

MARIN, *à Lisidor.*

Fort bien; laissez faire à monsieur; il gâtera tout.

ACTE I, SCENE IV.

Ma foi, vous devez plutôt croire aux paroles de la femme qu'à celles du mari. Vous voyez clairement qu'elle seule est le maître et la maîtresse.

MIROBOLAN.

Vous ne savez ce que vous dites.

MARIN.

Non, mais je sais que vous venez d'être furieusement repoussé à la demi-lune. Dites-moi, s'il vous plaît, qui croyez-vous qui soit le maître de vous ou de madame votre femme?

MIROBOLAN.

C'est moi.

MARIN.

Oui-dà, en paroles, mais non pas en effets.

MIROBOLAN.

Apprenez que je le suis en effets de même qu'en paroles. Vous êtes un fat.

MARIN.

Ah! monsieur, je ne vous dispute point cette qualité.

MIROBOLAN.

Taisez-vous. (*à Lisidor.*) Monsieur, encore une fois.... suffit. Adieu.

SCENE V.

LISIDOR, MARIN.

MARIN.

Oh diable! c'est fort bien dit, monsieur, vous

ne devez point prétendre d'épouser mademoiselle Alcine ; car cette mere impérieuse et opiniâtre ne vous l'accordera jamais. Quant au mari, il est habile médecin, grand astrologue, grand devin ; mais chez lui il n'est pas toujours le maître : ainsi vous ne devez point faire de fonds sur ses promesses.

SCENE VI.

LISIDOR, CRISPIN, MARIN.

LISIDOR.
Mais ne vois-je pas Crispin ?

MARIN.
Oui, monsieur, c'est lui-même.

CRISPIN.
Ah! monsieur, serviteur. Bonjour, Marin.

MARIN.
Bonjour.

LISIDOR.
Qui t'amene en cette ville ?

CRISPIN.
C'est monsieur votre fils qui m'y a envoyé en diligence. Aussi je n'ai été que huit jours à venir de Bourges à Paris.

MARIN.
La diligence est grande, et tu devrois avoir une charge de messager à pied.

LISIDOR.
Pourquoi t'a-t-il envoyé ?

ACTE I, SCENE VI.

CRISPIN.

Monsieur, voici une lettre qui vous dira tout.

LISIDOR, *lisant.*

« Monsieur mon pere,

« Je vous écris par Crispin, qui partira mardi pour
« arriver mercredi; vous recevrez ma lettre jeudi,
« vous me ferez réponse vendredi, sinon je pars sa-
« medi pour vous laver la tête dimanche.

« Autre chose ne puis vous mander, sinon qu'on
« me voit le cul de tous les côtés. »

Je ne reconnois pas là le style ni l'écriture de mon fils. Est-ce que tu te railles de moi?

CRISPIN.

Non, monsieur; mais je vous demande excuse. Vous saurez que j'ai perdu en chemin la lettre de mon maître, et que j'ai fait écrire celle-ci dans un village par un paysan. Mais enfin je sais bien qu'il vous demande de l'argent, et qu'il vous dit que ses habits ne valent plus rien. Lisez le reste de cette lettre.

LISIDOR.

Eh! je suis satisfait de ce que j'en ai lu.

MARIN.

Est-ce toi qui l'as dictée au paysan?

CRISPIN.

Oui-dà, c'est moi; qu'en veux-tu dire?

MARIN.

Rien, sinon qu'elle est bien imaginée.

CRISPIN.

Tu fais toujours le beau diseur et le grand esprit; mais, morbleu, apprends que j'en sais plus que toi.

MARIN.

Oh! je n'en doute pas.

CRISPIN.

Morbleu, veux-tu te battre à coups de poings ? tu verras si...

LISIDOR.

Qu'on se taise l'un et l'autre.

CRISPIN.

Mais aussi, monsieur, il fait toujours l'entendu, et croit qu'on n'est pas aussi habile homme que lui.

MARIN.

Ah! je te le cede.

LISIDOR.

Encore une fois qu'on se taise. Mais, Crispin, depuis quatre mois a-t-il dissipé son argent et ses habits, comme tu dis?

CRISPIN.

Oui, monsieur; si cela n'étoit pas, je ne voudrois pas vous le dire.

LISIDOR.

Il va un peu vîte. Mais va te reposer au logis, je te parlerai tantôt; j'ai à présent une affaire qui me presse. Allons, suis-moi, Marin.

SCENE VII.

CRISPIN.

Parbleu, il semble à ce visage qu'il n'y a que lui qui sache quelque chose. Morbleu ! quand il voudra se gourmer, on lui fera voir si l'on n'en sait pas autant que lui, et même davantage. Mais allons au logis du bon-homme Lisidor, afin que nous ayons de l'argent : mon maître en a grand besoin ; les dépenses qu'il fait chaque jour... Mais je le vois : il ne faut pas lui dire que j'ai perdu sa lettre, il pourroit me maltraiter.

SCENE VIII.

GERALDE, CRISPIN.

GÉRALDE.

Que fais-tu là, dis-moi ?

CRISPIN.

Rien, monsieur.

GÉRALDE.

Quoi! depuis deux heures que je t'ai quitté, tu n'as pas encore été chez mon pere ?

CRISPIN.

Non, monsieur ; mais je l'ai rencontré dans la rue, et notre affaire est faite.

GÉRALDE.

Comment ?

CRISPIN.

Je lui ai donné votre lettre, et j'ai dit que vous aviez besoin d'argent, bref qu'il vous en falloit.

GÉRALDE.

Et qu'a-t-il répondu ?

CRISPIN.

Rien, sinon que j'allasse l'attendre au logis, et

qu'il parleroit tantôt à moi, et que pour à présent il alloit en ville pour quelque affaire.

GÉRALDE.

Ne t'a-t-il point interrogé sur ma conduite?

CRISPIN.

Fort peu; mais je crois que tantôt il n'y manquera pas, et c'est où je l'attends.

GÉRALDE.

Prends bien garde au moins.

CRISPIN.

Eh! laissez-moi faire; nous ne sommes pas si sots que nous sommes mal habillés. Il me croit bien plus niais que je ne suis.

GÉRALDE.

Défie-toi de Marin sur-tout; car tu sais que c'est une fine mouche.

CRISPIN.

Je ne me soucie guere de lui. Parbleu! à cause qu'il sait lire et écrire, et que je ne sais rien du tout, il s'imagine qu'on n'est pas aussi savant que lui. J'ai bien pensé lui donner sur le nez tantôt.

GÉRALDE.

Il étoit donc avec mon pere?

CRISPIN.

Oui-dà, et vouloit déja raisonner; mais nous l'avons relancé... Allez, reposez-vous sur moi. Vous savez que je ne suis pas beau diseur, mais que je fais les choses quand vous me les commandez. D'où vient que vous êtes sorti?

GÉRALDE.

Alcine m'a mandé qu'elle avoit quelque chose à

me faire savoir, et que je me trouvasse autour du logis de derriere... Que dois-je faire en cette occasion, cher Crispin?

CRISPIN.

De quoi s'avise ce vieux reître de devenir amoureux à soixante et quatorze ans? C'est sans doute pour cela qu'il nous a envoyés à Bourges; mais il faut empêcher qu'il ne l'épouse. Ayons seulement de l'argent, et puis nous lui taillerons bien de la besogne. Voyez le vieux pénard! il lui faut des filles de dix-huit ans pour le réjouir! Il n'est pas vraiment dégoûté; il le prend bien : il lui en faut donner encore une pipe.

GÉRALDE.

Mais que faire, Crispin?

CRISPIN.

Tâcher de parler à elle en particulier, et là vous résoudrez toutes les affaires; elle vous donnera des moyens...

GÉRALDE.

Viens, je vais lui écrire une lettre que tu feras en sorte de donner à Dorine, quand elles seront revenues au logis.

CRISPIN.

Mais je dois aller chez votre pere.

GÉRALDE.

Mais je veux que tu portes ma lettre avant que d'y aller.

FIN DU PREMIER ACTE.

ACTE II.

Le théâtre représente une salle de la maison de M. Mirobolan.

SCENE PREMIERE.

MIROBOLAN, *et peu après* DORINE.

MIROBOLAN.

Dorine! Dorine! holà, Dorine!

DORINE, *entrant.*

Monsieur!

MIROBOLAN.

Qu'on fasse ajuster cette salle proprement, afin d'y bien recevoir tous ceux qui me feront l'honneur de se trouver à la dissection du corps que me doit envoyer le maître des hautes œuvres.

DORINE.

Mais, monsieur, pourquoi choisir cet appartement? les autres fois vous les fîtes dans l'autre logis.

MIROBOLAN.

Il est vrai; mais ma femme a voulu que je prisse ce logis de derriere, afin que celui de devant fût plus libre; je trouve qu'elle a grande raison.

ACTE II, SCENE I.

DORINE.

Ah! je n'en doute pas.

MIROBOLAN.

Car, outre que nous serons plus en notre particulier, le jardin qui sépare ces deux logis la garantira du bruit que les opiniâtres font ordinairement en ces occasions. Il s'en trouve toujours quelqu'un qui n'est jamais d'accord avec les autres, et qui pour soutenir une opinion erronée, fait plus de bruit que quatre.

DORINE.

En vérité, monsieur, tous tant que vous êtes de médecins, vous n'êtes guere d'accord ensemble : votre science est bien incertaine, et vous y êtes les premiers trompés.

MIROBOLAN.

Cela arrive quelquefois; mais ce n'est pas la faute de la médecine.

DORINE.

Il faut donc que ce soit la faute des médecins, puisque ce n'est pas celle de la médecine.

MIROBOLAN.

Cela peut être vrai; mais, Dorine, ce n'est pas là ton affaire.

DORINE.

Non, mais je puis en dire mon sentiment; et puis si ce n'est pas mon affaire aujourd'hui, cela sera quelque jour en dépit de moi.

MIROBOLAN.

Fort bien; mais laissons ce chapitre, et songe à recevoir ce corps qu'on doit apporter incontinent, et à le faire mettre dans la cave; car je ne commencerai que demain à travailler. Cependant je m'en vais voir trois ou quatre malades dont je n'espere pas grand'-chose.

DORINE.

Je ferai tout ce que vous me dites.

MIROBOLAN, *revenant.*

Si Dorine vouloit faire tout ce que je lui dirois, elle auroit un peu de tendresse pour moi, et certainement elle n'en seroit point fâchée.

DORINE.

Devriez-vous avoir de telles pensées, ayant une femme aussi bien faite que vous en avez une? Il me semble que cela n'est pas raisonnable, et que vous devez vous en contenter.

MIROBOLAN.

C'est une étrange chose que d'être obligé de ne manger que d'un pain; l'on s'ennuie à la fin.

DORINE.

Si madame votre femme en vouloit faire de même, qu'en diriez-vous?

MIROBOLAN.

Oh! ce n'est pas la même chose. La gloire d'un homme est de cajoler plusieurs femmes; mais la vertu d'une femme est de n'écouter que son mari.

DORINE.

Je ne crois pas que là-dessus les hommes aient plus de privileges que les femmes, et qu'il leur soit permis de faire ce qu'elles n'oseroient entreprendre.

MIROBOLAN.

La loi a voulu que cela fût ainsi.

DORINE.

Il falloit que cela fût tout au contraire. Ceux qui ont établi cette loi étoient des ignorans; car il y a des ignorans en loi aussi bien qu'en médecine.

MIROBOLAN.

La loi a été faite par des gens qui en savoient plus que vous. Allez, allez, Dorine, arranger votre salle, et ne vous mêlez point de choses auxquelles vous n'entendez rien.

DORINE.

Mais je vois bien que vous m'en donnez à garder : je suis sûre que vous auriez de la peine à me montrer cette loi. Allez voir vos malades, et me laissez en repos.

MIROBOLAN.

Sans adieu, Dorine.

SCENE II.

DORINE.

Sans adieu, monsieur. Voyez un peu le gaillard! il n'y auroit qu'à le laisser aller, il feroit les plus belles choses du monde! C'est bien étrange que ces chiens d'hommes ne sauroient se contenter de leurs femmes : il leur faut de la nouveauté. Si je suis jamais mariée, et que mon mari me fasse de tels tours, à bon chat bon rat, nous verrons...

SCENE III.

DORINE, CRISPIN.

DORINE.

Ah! Crispin, que veux-tu?

CRISPIN.

Comme je rôdois autour d'ici pour voir si je pourrois te donner cette lettre, j'ai vu sortir monsieur Mirobolan, et en même temps je suis entré, comme tu vois.

DORINE.

Ferme cette porte afin que nous parlions en sûreté; je vais fermer celle-ci. (*ils ferment chacun une porte.*) Eh bien! qui envoie cette lettre?

CRISPIN.

Mon maître, qui se désespere de ce qu'Alcine lui a dit tantôt touchant le mariage de son pere et d'elle.

DORINE.

Il faut empêcher que cela se fasse.

CRISPIN.

Diantre! tu y perdrois plus que personne : tu n'aurois pas l'avantage de m'avoir pour mari, moi qui t'aime plus que cinquante.

DORINE.

Tu crois donc que ce soit un grand avantage?

CRISPIN.

Mais ne parlons point là-dessus d'avantage; monsieur vaut bien madame.

ACTE II, SCENE III.

DORINE.

Impudent!

CRISPIN.

Et madame vaut bien monsieur.

DORINE.

A la bonne heure.

CRISPIN.

Dis-moi, d'où vient que tu étois ici avec monsieur Mirobolan?

DORINE.

C'est qu'il doit faire demain la dissection d'un pendu; et, comme il a choisi ce lieu pour ce sujet, il m'ordonnoit de le faire ajuster au plutôt. Maintenant il faut que ton maître prenne d'autres mesures pour parler à notre demoiselle; car, cet endroit étant occupé, ils n'auront plus la liberté de s'entretenir si facilement qu'ils l'avoient. Donne-moi cette lettre; je vais faire en sorte de la donner, et d'en avoir réponse.

CRISPIN.

Tiens, va vîte.

SCENE IV.

MIROBOLAN, *dehors*, DORINE, CRISPIN.

MIROBOLAN, *frappant à la porte de la rue.*

Holà! holà! Dorine, qu'on m'ouvre promptement.

DORINE.

Mon dieu! que ferai-je? c'est notre maître.

CRISPIN MÉDECIN.

CRISPIN.

Ah! jarni, je voudrois être bien loin.

SCENE V.

MIROBOLAN, FELIANTE, *dehors;* **DORINE, CRISPIN.**

FÉLIANTE, *frappant à l'autre porte.*

Oh! Dorine, ouvre-moi.

DORINE.

Ah! voilà bien encore pis! c'est notre maîtresse.

CRISPIN.

Eh! c'est le diable.

MIROBOLAN, *frappant.*

Qu'on m'ouvre donc, Dorine!

DORINE.

Je suis perdue.

CRISPIN.

C'est fait de moi.

DORINE.

Crispin, mets-toi tout étendu sur cette table : je dirai que tu es ce pendu qu'on vient d'apporter.

CRISPIN.

Mais...

DORINE.

Mais ne raisonne point, fais ce que je te dis.
(*Crispin se met sur la table, et Dorine ouvre à Mirobolan.*)

MIROBOLAN, *passant vîte.*

Tu me fais bien attendre. J'ai oublié quelque chose

ACTE II, SCENE V.

là-haut qu'il faut que j'aille chercher promptement. (*il entre par une porte proche celle que Dorine ouvre à Féliante.*)

FÉLIANTE, *entrant*.

D'où vient que tu te fais tant appeler ?

DORINE.

J'étois occupée à recevoir ce corps, et je ne vous ai entendu que cette fois.

FÉLIANTE.

Que je plains ce pauvre malheureux ! Il a la mine d'avoir été beau garçon.

MIROBOLAN, *repassant*.

Ma femme, que faites-vous ici ?

FÉLIANTE.

Je viens voir si Dorine a ajusté ce lieu comme il faut.

MIROBOLAN, *s'en allant*.

Voyez, voyez.

FÉLIANTE.

Dorine, prends le soin de bien accommoder tout ceci : pour moi je m'en vais au plutôt ; car je n'aime point à voir de tels objets. Cela cause toujours des pensées funestes.

DORINE.

Allez, allez, madame ; je ferai tout ce qui sera nécessaire. (*Elle referme les portes.*)

SCENE VI.

DORINE, CRISPIN.

DORINE.

Eh bien! Crispin, mon invention n'a-t-elle pas réussi?

CRISPIN.

Fort bien, et nous en sommes quittes à fort bon marché : mais je sors au plutôt, pour éviter un nouvel embarras. Peut-être que si je demeurois davantage...

SCENE VII.

DORINE, CRISPIN, MIROBOLAN.

MIROBOLAN, *dehors, frappe.*
Dorine, Dorine! ouvre, ouvre-moi.
DORINE.
Ah! remets-toi promptement en la même posture; c'est encore notre monsieur.
CRISPIN, *se remettant sur la table.*
Le diable l'emporte! (*Dorine ouvre.*)
MIROBOLAN, *entrant.*
Je pense que je suis aujourd'hui imbriaque; j'oublie la moitié des choses dont j'ai besoin ; certaines pilules que j'ai promises... Mais, que vois-je là, Dorine?

ACTE II, SCENE VII.

DORINE.

C'est ce corps qu'on vient d'apporter : il étoit déja ici quand vous êtes venu.

MIROBOLAN.

Fort bien; mais d'où vient qu'il a encore ses habits?

DORINE.

Ils ont dit qu'on auroit soin de les rendre.

MIROBOLAN, *le tâte.*

On n'y manquera pas. Je suis d'avis, tandis qu'il est encore tout chaud, d'en commencer la dissection. Va-t'en me quérir mes bistouris qui sont là-haut dans mon cabinet.

DORINE.

Mais, monsieur, vous n'avez rien de préparé ; cela sera un trop grand embarras; et d'ailleurs vos malades attendent après vous.

MIROBOLAN.

Pour attendre deux ou trois heures, il n'y a pas grand mal.

DORINE.

Mais s'il en vient à mourir quelqu'un cependant?

MIROBOLAN.

Ce ne sera pas ma faute ; car, s'il doit mourir dans si peu de temps, ma visite ne lui serviroit pas de grand'chose.

DORINE.

Mais un remede à propos...

MIROBOLAN.

Va seulement, et m'apporte un paquet de cordes,

et des clous que tu trouveras tout proche les bistouris. Pendant qu'il a ce reste de chaleur je trouverai plus facilement les veines lactées et les réservoirs qui conduisent le chyle au cœur pour la sanguification.

DORINE.

Mais, monsieur, vous m'allez ôter la liberté d'approprier ce lieu comme je le voudrois; attendez à demain, comme vous avez dit.

MIROBOLAN.

Va donc, ou j'irai moi-même.

DORINE.

J'y vais puisque vous le voulez. (*Elle sort.*)

SCENE VIII.

MIROBOLAN, CRISPIN, *sur la table.*

MIROBOLAN, *regardant Crispin.*

Il n'a pas mauvaise mine; mais il a pourtant quelque chose de fâcheux dans le visage. Oui, ou toutes les regles de la métoposcopie et de la physionomie sont fausses, ou il devoit être pendu. (*il le déboutonne.*) Ah! quel plaisir je vais prendre à faire sur son corps une incision cruciale, et à lui ouvrir le ventre depuis le cartilage xiphoïde jusqu'aux os pubis! Le cœur lui bat encore! Ah! s'il y avoit ici de mes confreres, particulièrement de ceux qui sont dans l'erreur, je leur ferois bien voir par sa systole et diastole, le mouvement de la circulation du sang.

SCENE IX.

DORINE, MIROBOLAN, CRISPIN, *sur la table*.

DORINE.
Je ne saurois trouver tous vos affuteaux; et d'ailleurs madame m'a dit de vous avertir qu'on étoit venu vous demander avec grand empressement de chez M. le baron.

MIROBOLAN, *s'en allant*.
Ah! puisque ma femme le veut, il faut donc y aller. Dorine, fais porter ce corps à la cave.

DORINE, *fermant la porte après lui.*
Allez, je n'y manquerai pas.

SCENE X.

DORINE, CRISPIN.

CRISPIN, *se relevant.*
Et moi, sans m'amuser à raisonner, je sors au plus vîte.

DORINE.
Où veux-tu aller?

CRISPIN.
Comment diable! où je veux aller? laisse-moi sortir. Quoi! tu vas froidement quérir les bistouris et tous ses brimborions pour me tailler en pieces, et tu veux que je demeure? tu te railles de moi.

DORINE.

Apprends que quand je suis sortie pour aller chercher ses ferremens, ça été dans la pensée de les cacher, de sorte qu'il ne pût les trouver; et c'est ce que je n'ai pas manqué de faire.

CRISPIN.

Oh! c'étoit fort bien fait. Aussi je m'étonnois, moi qui dois être ton mari, que tu eusses le courage de me voir couper si barbarement...

DORINE.

Je n'avois garde d'y consentir. Mais attends-moi ici, je vais tâcher de donner cette lettre, et d'en avoir la réponse.

CRISPIN.

Je ne veux point attendre en ce lieu.

DORINE.

Pourquoi?

CRISPIN.

Le mot de bistouri me fait trembler. Je vais t'attendre dans la rue, là je ne craindrai point messieurs les bistouris. Pour moi il me semble, par la peur que j'ai eue, que cette salle en est toute remplie.

DORINE.

Va, mais sur-tout ne t'impatiente point.

CRISPIN.

Je ne me lasserai point d'attendre, quand je serai hors d'ici. (*il va pour sortir, et entend frapper à la porte.*) Ah! voici bien encore le diable! D'abord qu'on ouvrira la porte je m'enfuis.

ACTE II, SCENE X.

DORINE.

Garde-t'en bien, tu gâterois tout. Remets-toi promptement.

CRISPIN.

Je n'en ferai rien quoi qu'il puisse arriver. S'il avoit quelques bistouris dans sa poche...

DORINE.

Ecoute, je vais te quérir là-haut une robe de médecin : tu diras qu'ayant su qu'il devoit faire une dissection, tu venois pour lui rendre visite. Quant au pendu, je dirai que je l'ai fait mettre à la cave. (*on heurte encore.*)

CRISPIN.

Va; j'aime encore mieux faire le médecin que le pendu. (*Dorine sort.*) Il faut payer d'effronterie. Du moins sous cet habit je ne courrai point risque d'être taillé ou d'être battu.

DORINE, *revenant, et lui donnant une robe de médecin.*

Tiens, mets promptement, que j'ouvre. (*on frappe encore.*)

CRISPIN, *s'habillant.*

Parbleu, attends que je sois habillé. (*à Dorine.*) Ah! çà; quand je paroîtrois ignorant, il y a tant de médecins qui le sont.

DORINE.

Sans doute.

CRISPIN.

Me voilà fort bien. Ouvre.

SCENE XI.

LISE, CRISPIN, DORINE.

LISE, *entrant*.

Monsieur le médecin est-il ici?

DORINE.

Non.

LISE.

Le voilà. Pourquoi me le céler?

DORINE.

Que lui voulez-vous?

LISE.

Lui dire seulement deux mots.

CRISPIN, *avec gravité*.

Que souhaitez-vous de moi?

LISE.

Monsieur, vous saurez que ma maîtresse a perdu un petit chien qu'elle aime éperdument, qu'elle s'en désespere, et qu'elle en met la faute sur moi. Or, comme on m'a dit que vous savez l'art de deviner, aussi bien que la médecine...

CRISPIN.

Je suis aussi savant en l'un comme en l'autre.

LISE.

C'est ce qui me fait venir ici pour vous prier, en payant, de m'en dire quelque nouvelle.

CRISPIN.

Combien y a-t-il qu'il est perdu?

ACTE II, SCENE XI.

LISE.
Deux jours.
CRISPIN.
A quelle heure?
LISE.
Sur les onze heures du matin.
CRISPIN.
De quel poil est-il?
LISE.
Blanc et noir, et il a la queue en trompette.
CRISPIN, *faisant semblant de rêver.*
C'est assez.
LISE, *à Dorine.*
Oh! le brave homme, il nous va dire des nouvelles de notre petit chien.
DORINE.
Sans doute.
CRISPIN.
Ecoutez. Il y a deux jours?
LISE.
Oui, monsieur.
CRISPIN.
Sur les onze heures?
LISE.
Oui.
CRISPIN.
Blanc et noir, et la queue en trompette?
LISE.
Oui, monsieur.

CRISPIN, *après avoir rêvé.*

Prenez des pilules.

LISE.

Des pilules !

CRISPIN.

Oui.

LISE.

Mais cela fera-t-il trouver le chien?

CRISPIN.

Oui.

LISE.

Mais encore de quelles pilules?

CRISPIN.

Les premieres venues de chez l'apothicaire.

LISE.

Mais, monsieur...

CRISPIN.

Mais il ne faut pas tant raisonner; faites seulement ce que je vous dis.

LISE.

Combien en faut-il prendre?

CRISPIN.

Trois.

LISE, *lui donnant un écu.*

C'est assez; si je trouve mon chien par ce moyen, je vous donnerai bien des pratiques.

CRISPIN.

Si vous ne le retrouvez ce ne sera pas la faute du remede.

ACTE II, SCENE XI.

LISE.

Je vous crois. Adieu, monsieur.

CRISPIN.

Adieu. *(Lise sort.)*

SCENE XII.

DORINE, CRISPIN.

DORINE, *après avoir refermé la porte.*

Eh bien! Crispin, tu n'as pas eu plutôt l'habit de médecin sur le corps, que tu as reçu la pièce blanche.

CRISPIN.

Diantre! je vois bien que c'est un bon métier. Sans savoir ce que l'on fait, on gagne de l'argent; et on ne court point de risque comme à contrefaire le pendu.

DORINE.

Je ne puis m'empêcher de rire de ton ordonnance : des pilules pour retrouver un chien perdu !

CRISPIN.

Que diable voulois-tu que j'ordonnasse, moi qui ne sais ni lire ni écrire, ni rien de tout ce qu'elle veut que je sache? Les pilules se sont présentées, et j'en ai ordonné. J'ôte cet habit pour aller attendre dans la rue, comme nous avons dit.

(on frappe en dehors.)

DORINE.

On heurte, rajuste-toi.

CRISPIN.

Encore! je crains bien que ce ne soit ton maître.

DORINE, *allant ouvrir.*

Qu'importe? il s'en faut tirer.

SCENE XIII.

CRISPIN, DORINE, GRAND-SIMON.

GRAND-SIMON.

Monsieur Mirobolan est-il ici?

CRISPIN.

Pourquoi?

GRAND-SIMON.

Je voudrois lui parler.

DORINE.

De quelle part?

GRAND-SIMON.

De la mienne.

DORINE.

Qui êtes-vous?

GRAND-SIMON.

Je suis un homme que vous ne connoissez pas.

DORINE.

Je sais. Monsieur Mirobolan vous connoît-il?

GRAND-SIMON.

Non; ni moi lui.

DORINE.

Le voilà; mais il faut lui demander s'il a le temps de vous parler.

CRISPIN, *avec gravité.*

Que veut-on?

ACTE II, SCENE XIII.

DORINE.

C'est monsieur qui voudroit vous parler.

CRISPIN.

Qu'il approche, et qu'il fasse promptement.

GRAND-SIMON.

Monsieur. Or, vous saurez que je m'appelle Grand-Simon, que je suis d'une demi-lieue d'ici : je vous paierai bien.

CRISPIN.

On ne peut mieux parler.

GRAND-SIMON, *après quelques révérences.*

Or, monsieur, des gens m'ont dit que vous étiez fort savant en médecine, et sur-tout en l'art de divination. Or, vous saurez que sur ce qu'ils m'en ont dit je me suis résolu de vous venir consulter touchant une petite affaire.

CRISPIN.

Dites en peu de paroles.

GRAND-SIMON.

Vous saurez donc que j'aime une fille dans notre village. Or, comme il y a un certain drôle qui va quelquefois chez elle, je voudrois bien savoir de vous si elle m'aime comme elle dit, et si je l'épouserai ; car, à vous dire la vérité, je m'en défie.

CRISPIN.

Comment est-elle faite ?

GRAND-SIMON.

Elle est grande, brune, et camuse.

CRISPIN.

Grande, brune et camuse ?

GRAND-SIMON.

Oui, monsieur.

CRISPIN.

Prenez des pilules.

GRAND-SIMON.

Des pilules? Mais il me semble que les pilules ne sont bonnes que pour purger les gens, et non pas pour...

CRISPIN.

Allez, faites ce que je vous dis, puis je ferai le reste; c'est une science qui vous est inconnue. Si vous étiez savant, et que vous sussiez le latin, je vous ferois voir des choses...

GRAND-SIMON.

Monsieur, je sais le latin; car je suis le magister de notre village.

CRISPIN.

Vous savez le latin?

GRAND-SIMON.

Oui, monsieur.

CRISPIN.

Eh bien ! tant mieux pour vous. Encore un coup faites ce que je vous dis, et adieu; j'ai affaire ailleurs.

GRAND-SIMON.

Combien en faut-il prendre?

CRISPIN.

Un picotin, à cause de votre taille.

GRAND-SIMON.

Voilà un écu d'or. Si la chose réussit...

ACTE II, SCENE XIII.

CRISPIN.

Je vous entends, c'est assez.

GRAND-SIMON, *à part.*

Ces hommes savans ont toujours je ne sais quoi de brusque. Adieu, monsieur.

CRISPIN.

Serviteur. (*Grand-Simon sort.*)

SCENE XIV.

DORINE, CRISPIN.

DORINE, *ayant refermé la porte.*

Un écu d'or, et un écu blanc en si peu de temps! Moi qui t'ai fait médecin, tu devrois m'en donner la moitié.

CRISPIN.

Dorine, laisse-moi faire, nous en mangerons de bons gobets ensemble : pour à présent... (*on frappe en dehors.*)

DORINE.

On heurte; voici encore quelque pratique.

CRISPIN.

Parbleu! je commence à m'en lasser.

SCENE XV.

MIROBOLAN, CRISPIN, DORINE.

MIROBOLAN, *entrant.*

Dorine, as-tu songé...

CRISPIN, *à part*.

Ah! voici bien le diable.

DORINE.

Monsieur, je viens de faire porter ce corps à la cave; et voilà un de vos confreres qui, ayant appris que vous devez faire une dissection, est venu pour vous voir.

MIROBOLAN, *après plusieurs révérences*.

Monsieur, quoique je n'aie pas l'honneur de vous connoître, vous y serez toujours le bien reçu; mais ce ne sera que demain que je commencerai à travailler. Si vous voulez me faire la grace de vous trouver à l'ouverture, vous entendrez un petit discours qui, je crois, ne sera pas fort commun.

CRISPIN.

Ah! monsieur, je n'ai garde d'y manquer. La réputation de monsieur Mirobolan est une réputation qui... dans les choses... fait enfin... que... je n'y manquerai pas.

MIROBOLAN.

Monsieur, je voudrois vous demander un petit mot d'avis touchant un malade que je traite.

CRISPIN.

Vous m'excuserez, s'il vous plaît; j'ai une affaire qui me presse beaucoup.

MIROBOLAN.

J'aurai fait en peu de paroles. Vous saurez que ce malade a eu la fievre quarte, tierce et continue; enfin nous l'avons tiré de là.

ACTE II, SCENE XV.

CRISPIN.

Cela est bien heureux.

MIROBOLAN.

Mais il lui reste une chose qui m'inquiete grandement pour lui ; car outre une grande insomnie qui le fatigue beaucoup, ce qu'il crache est extrêmement blanc.

CRISPIN.

Tant mieux.

MIROBOLAN.

Non vraiment, et c'est à mon sens un très mauvais signe, parce que *a pituita alba aqua inter cutem supervenit*, nous dit Hippocrate ; c'est, comme vous savez, ce que les Grecs appellent *leucophlegmatia*. Si donc, selon Hippocrate, cette pituite blanche est un signe évident que l'hydropisie doit survenir, que croiriez-vous qu'il faudroit lui donner de plus souverain pour empêcher que cet accident ne lui survînt ?

CRISPIN.

Vous n'avez pas besoin de conseil, vous êtes un homme qui... oui... car... enfin je ne dis rien.

MIROBOLAN.

Non, parlez-moi franchement ; je serai fort aise de savoir votre sentiment là-dessus.

CRISPIN.

Je n'ai garde, je sais trop...

MIROBOLAN.

Pour moi, j'agis sans façon ; je ne suis pas de ces messieurs qui ne chérissent que leurs opinions, et qui, plutôt que d'en démordre, aiment mieux laisser crever un malade. Parlez, je vous écoute.

DORINE, *bas, à Crispin*.

Dis ce que tu pourras. (*à Mirobolan.*) Mais, monsieur, dépêchez-vous, car j'ai plus d'une affaire.

CRISPIN.

Oui, elle a affaire.

MIROBOLAN.

Dorine, encore un moment.

CRISPIN.

Monsieur, dans ces sortes de maladies, je ne sais pas si... quand... là-dessus... on... la...

MIROBOLAN.

Hon!

CRISPIN.

Des pilules...

MIROBOLAN.

Lui donner des pilules, ce seroit ruiner les parties qui sont déja fort altérées par le désordre qu'ont causé ces différentes maladies.

CRISPIN.

Oh! je ne dis pas cela ; je dis... que des pilules que j'ai prises ce matin m'obligent à vous quitter au plutôt.

MIROBOLAN.

Oh! je ne veux pas vous contraindre. Dorine, conduisez monsieur où il a besoin d'aller. Je suis votre serviteur.

FIN DU SECOND ACTE.

ACTE III.

Le théâtre représente une rue.

SCENE PREMIERE.

GERALDE, CRISPIN.

CRISPIN.

Eh bien! monsieur, que dites-vous de mes aventures?

GÉRALDE.

Je dis qu'elles sont particulieres.

CRISPIN.

Pendu, médecin, des cordes, des bistouris, des clous, des pilules, des... Parbleu, en voilà très bien.

GÉRALDE.

Il est vrai qu'en voilà beaucoup. Mais il faut que tu retournes encore au logis de monsieur Mirobolan.

CRISPIN.

Moi, monsieur?

GÉRALDE.

Oui, toi-même.

CRISPIN.

Parbleu, je ne veux point aller me faire bistouriser, ou bien recevoir quelques coups de bâton; vous y pouvez aller vous-même.

GÉRALDE.

Il est vrai que je le puis; mais je crains, en y allant, de ruiner mon amour; car si monsieur Mirobolan venoit à me rencontrer, il ne manqueroit pas d'avertir mon pere des choses qui se passent. Pour toi, tu ne hasardes rien; il ne te connoît pas.

CRISPIN.

Je hasarde mon dos, mes bras, mes jambes, mon corps; car, de la maniere que j'ai ouï parler monsieur Mirobolan de clous, de cordes, de bistouris, un médecin n'a non plus pitié d'un homme qu'un avocat d'un écu.

GÉRALDE.

Il faut pourtant, mon cher Crispin, y retourner encore une fois. Aussi tu dois croire que quand je serai en pouvoir, je reconnoîtrai tous les bons services que tu me rends.

CRISPIN.

Oh! je n'en doute pas; mais au moins dites-moi la raison qui vous oblige à m'y renvoyer.

GÉRALDE.

Tiens, écoute la lecture du billet que tu m'as apporté :

ACTE III, SCENE I.

« J'ai quantité de choses à vous mander, mais je
« n'ai pas le temps de vous écrire. Pour avoir celui
« de vous faire ce mot, il a fallu se servir de plu-
« sieurs stratagêmes. Envoyez tantôt Crispin, je fe-
« rai mes efforts pour lui donner une lettre qui vous
« instruira de tout. ALCINE. »

Eh bien ! tu vois, Crispin...

CRISPIN.

Oui, je vois bien qu'il y faut aller. Mais, si monsieur Mirobolan qui m'a pris pour un pendu sous mon habit, et qui m'a envisagé sous l'habit de médecin, vient à me reconnoître, comment me tirer de cet embarras sans être un peu étrillé ? Hem !

GÉRALDE.

Il est vrai que cela est embarrassant ; mais, mon cher Crispin, il faut hasarder quelque chose pour ton maître. Cherche, invente quelque chose pour ne pas courir de risque.

CRISPIN.

Ecoutez, faites-moi avoir une robe de médecin ; j'aime mieux paroître devant lui en cet état, que de faire la figure d'un pendu. Du reste, je m'en tirerai comme je pourrai ; j'en suis tantôt sorti par les pi-lules, j'en sortirai par quelque autre remede.

GÉRALDE.

Je vais de ce pas à la fripperie pour avoir ce que tu demandes. Cependant va-t'en chez mon pere pour recevoir l'argent qu'il t'a promis, car nous en aurons grand besoin.

CRISPIN.

J'y vais. Mais, monsieur, apprenez-moi seulement en latin : je suis médecin.

GÉRALDE.

Volontiers : *medicus sum*.

CRISPIN.

Medicus sum? medicus sum.

GÉRALDE.

Fort bien.

CRISPIN.

Suffit : adieu. Allez-vous-en songer à l'habit, et moi je vais chez le bon-homme.

SCENE II.

CRISPIN.

Medicus sum, medicus sum. C'est une belle chose que de savoir le latin! Il faut repasser souvent ces mots de peur de les oublier. *Medicum sus... medicus sum.* Ah! m'y voilà. Allons-nous-en chez le bon-homme Lisidor. Mais je le vois qui vient ici.

SCENE III.

LISIDOR, CRISPIN, MARIN.

LISIDOR.

Que fais-tu en ce lieu?

CRISPIN.

Monsieur, ennuyé d'attendre au logis, je me promenois.

ACTE III, SCENE III.

LISIDOR.

Où est ton maître? dis-moi.

CRISPIN.

Voilà une belle demande! il est à Bourges. Vous plaît-il de me donner de l'argent afin que je m'en retourne?

LISIDOR.

Oui-dà. Dis-moi; où loge-t-il à Bourges.

CRISPIN.

Eh! il loge... proche les écoles.

LISIDOR.

Comment nomme-t-on la rue?

CRISPIN.

La rue?

LISIDOR.

Oui.

CRISPIN.

On la nomme... on la nomme... Vous y avez été avant moi, vous le savez bien.

LISIDOR.

Mais encore?

CRISPIN.

Il ne m'en souvient plus; il y a des pendards de noms dans cette ville qui sont si difficiles à retenir, que je ne saurois les mettre dans ma cervelle; et puis je ne m'en soucie guere. A quoi bon s'embrelicoquer l'esprit de ces bâtards de noms? Quand on est logé, on est logé.

MARIN.

Il a grande raison.

CRISPIN.

Morbleu! tais-toi, ou bien... vois-tu, jarni! Enfin...

LISIDOR.

Patience...

CRISPIN.

C'est que je ne veux pas qu'il se mêle de ce qu'il n'a que faire.

LISIDOR, *à Marin.*

Tais-toi. (*à Crispin.*) Que fait ton maître ordinairement?

CRISPIN.

Il étudie; puis il a souvent à dîner et à souper des gens avec qui il parle latin comme tous les diables. Ce que j'y trouve de plaisant, c'est qu'ils se querellent comme s'ils vouloient s'arracher le blanc des yeux; après ils s'apaisent en buvant chacun cinq ou six coups.

LISIDOR.

Cela n'est pas mal; mais cependant trois ou quatre personnes m'ont dit qu'il étoit en cette ville, et qu'on l'y avoit vu.

CRISPIN.

Celui qui l'a dit en a menti, et je le soutiendrai devant toute la France.

LISIDOR.

Confesse la vérité, je n'en parlerai point. Il est ici?

CRISPIN.

Je ne le confesserai point, car cela n'est point vrai.

LISIDOR.

Oh! je sais bien que si, moi; et si tu déguises davantage...

ACTE III, SCENE III.

CRISPIN.

Vous voulez donc me faire dire une chose qui n'est pas?

LISIDOR.

J'ai donc menti?

CRISPIN.

Vous avez tout ce qu'il vous plaira; mais cela n'est pas, cela n'est pas.

MARIN, *à Lisidor.*

Monsieur, quittez là cet impertinent; il vous mettroit en colere sans raison.

CRISPIN.

Impertinent! morbleu! tu en as menti : il faut t'en faire tâter tout du long et tout du large.

MARIN.

Viens, viens, que je t'ajuste de toutes pieces.

LISIDOR, *les séparant avec son bâton.*

Coquins, si vous ne vous arrêtez, je vous donnerai cent coups. Ah! morbleu, c'en est trop. Crispin, puisque ton maître n'est pas à Paris, je te commande de l'aller au plus tôt retrouver à Bourges, et de lui dire que quand il m'aura fait savoir son adresse je lui ferai tenir de l'argent par un banquier de cette ville.

CRISPIN.

Mais, monsieur...

LISIDOR.

Point de réponse davantage; n'approche pas seulement de mon logis, si tu ne veux avoir cent coups de bâton.

CRISPIN.

Si vous me battez, je sais bien ce que je ferai.

LISIDOR.

Que feras tu ?

CRISPIN, *montrant Marin.*

Je le frotterai comme un diable.

LISIDOR.

Pourquoi le frotteras-tu ?

CRISPIN.

Eh! pourquoi me battrez-vous ?

LISIDOR.

Parce que tu es un fripon.

CRISPIN.

Et parce qu'il est un factoton, et qu'il veut me faire battre.

LISIDOR, *levant son bâton.*

Je te donnerai...

CRISPIN.

Donnez pour voir; vous verrez si je ne lui rendrai pas.

LISIDOR.

Ah! morbleu! je n'en puis plus souffrir. (*Lisidor voulant frapper Crispin de son bâton, Crispin baisse la tête, ce qui fait que Lisidor tombe et Crispin va donner un coup de poing à Marin, qui tombe de l'autre côté, et cependant Crispin s'enfuit.*)

SCENE IV.

LISIDOR, MARIN.

MARIN.

Ah, le traître! Je crois qu'il m'a estropié de ce coup.

LISIDOR.

Marin, viens m'aider à me relever.

MARIN, *se relevant*.

Eh! monsieur, j'aurois besoin qu'on me relevât moi-même.

LISIDOR, *aidé de Marin*.

Le coquin! il le paiera.

MARIN.

Si jamais je l'attrape, il s'en repentira.

LISIDOR.

Je me suis blessé l'épaule en tombant.

MARIN.

Et moi, je crois que j'ai la mandibule démise.

LISIDOR.

Il t'a donné un furieux coup?

MARIN.

De toute sa force.

LISIDOR.

Patience.

MARIN.

Il faut bien la prendre malgré moi.

LISIDOR.

Va voir si monsieur Mirobolan est au logis.

MARIN.

Quoi! monsieur, vous voulez encore lui parler de votre mariage après que sa femme vous a dit, à votre nez, qu'il n'en sera jamais rien?

LISIDOR.

Fais seulement ce que je te dis. Vois s'il est au logis.

MARIN, *frappant à la porte de Mirobolan.*
Holà!

SCENE V.

LISIDOR, MARIN, DORINE.

DORINE.

Qui est-ce?

MARIN.

Monsieur Mirobolan est-il ici?

DORINE.

Non. Qui le demande?

LISIDOR.

C'est moi, ma chere.

DORINE.

Il n'y est pas: voulez-vous parler à madame? Elle est là haut qui dort; je l'irai éveiller.

LISIDOR.

Il faut la laisser reposer. Ma chere enfant, si tu pouvois par tes soins la faire consentir à me donner Alcine en mariage, je ferois...

DORINE.

Vous donner Alcine en mariage! que diantre en feriez-vous à l'âge où vous êtes?

LISIDOR.

Eh! j'en ferois...

DORINE.

Ma foi! vous n'en feriez toujours rien qui vaille. Mais n'avez-vous autre chose à me dire? Je rentre.

LISIDOR.

Ma chere, dis à monsieur Mirobolan que son ami Lisidor étoit venu pour le voir, et que je le prie de penser à ce qu'il m'a promis. Adieu, ma bonne enfant. (*il sort avec Marin.*)

DORINE.

Adieu, monsieur; je n'y manquerai pas. Ce bonhomme est-il fou de prétendre épouser une fille de dix-huit ans? Il faut avouer que quand la vieillesse se met l'amour en tête, elle fait cent fois plus d'extravagances que la jeunesse.

SCENE VI.

DORINE, CRISPIN, *en habit de médecin.*

CRISPIN, *entrant.*

Chez moi, chez moi; là, vous dis-je, je vous répondrai de bonne sorte.

DORINE.

Qu'as-tu, Crispin? et d'où vient que tu es habillé de cette maniere?

####### CRISPIN.

Deux visages que j'ai rencontrés, qui m'ont dit qu'ils étudioient en médecine, et qui m'ont demandé mon sentiment sur la trans... la... la... la... transconfusion du sang. Ils m'ont quasi fait devenir sourd à force de me parler.

####### DORINE.

Que t'ont-ils dit?

####### CRISPIN.

Que diable sais-je, moi? Une bête sur une autre... L'artere... le sang littéral... artérial. Un tuyau par où entre le sang... Une bête morte, l'autre qui ne vaut guere mieux... Le mauvais sang répandu... le bon dans les veines de l'autre bête... Enfin, le diable les emporte avec tout leur raisonnement!

####### DORINE.

Tu devois leur ordonner des pilules.

####### CRISPIN.

J'aurois voulu de tout mon cœur qu'ils en eussent eu chacun cinquante dans le ventre.

####### DORINE, *riant.*

Mais pourquoi as-tu cet habit?

####### CRISPIN.

Je l'ai pris pour avoir plus de facilité d'entrer chez vous, et pour...

SCENE VII.

LISIDOR, DORINE, CRISPIN, MARIN.

LISIDOR, *revenant*.

Ma chere Dorine, j'avois oublié de te donner cette bague; mais je veux recouvrer...

CRISPIN, *se tournant de l'autre côté*.

Ah!...

MARIN.

Monsieur, si je ne me trompe, voilà Crispin habillé en robe longue.

LISIDOR, *à Crispin*.

Que fais-tu ici avec cet habit?

CRISPIN, *avec gravité*.

Que souhaitez-vous de moi? Avez-vous quelque maladie secrete? Dites; en l'absence de monsieur Mirobolan, je pourrois vous donner quelques bons avis.

LISIDOR.

Non, coquin! nous n'avons point de maladie.

CRISPIN.

Coquin!

LISIDOR.

Oui, coquin!

CRISPIN.

Non sum coquinus; medicus sum, medicus sum.

LISIDOR.

Toi, médecin?

CRISPIN.

Oui, médecin; et vous êtes un impertinent. *Araca lostovi baritonovai, forlutum transconfusiona...* Si vous étiez raisonnable, je vous parlerois de la transconfusion; mais je vois bien que vous en tenez. Allez, prenez des pilules.

LISIDOR.

Si je prends un bâton, je t'en donnerai cent coups.

CRISPIN.

Ce sera contre mon ordonnance.

DORINE, *à Crispin.*

Monsieur, entrez au logis pour y attendre notre maître, et laissez là ces extravagans.

CRISPIN, *rentrant avec Dorine.*

Il est vrai que je ferai mieux.

SCENE VIII.

LISIDOR, MARIN, *et peu après* DORINE.

MARIN.

Monsieur, je doute que ce soit Crispin, car il parle latin.

LISIDOR.

C'est assurément lui-même; je me doute de quelque fourberie, et je veux entrer là-dedans pour en être éclairci. (*il frappe à la porte.*)

DORINE, *revenant.*

Que demandez-vous, monsieur? Est-ce que vous voulez quereller encore cet honnête homme qui est chez nous?

LISIDOR.

C'est un fripon de valet...

DORINE.

Cela n'est pas vrai; c'est un des confreres de notre maître, et vous avez mauvaise grace de parler de la sorte. Je m'en plaindrai tantôt à...

SCENE IX.

MIROBOLAN, LISIDOR, DORINE, MARIN.

MIROBOLAN, *entrant*.

Je vous soutiens que cela n'est pas possible, et que cette opinion est extravagante.

LISIDOR.

Monsieur...

MIROBOLAN.

Il faut penser bien creux pour imaginer une chose si éloignée du bon sens.

LISIDOR.

Monsieur, je veux...

MIROBOLAN.

Il faut, sans doute, que cette vision vienne d'un homme qui avoit la fievre chaude.

DORINE, *va au devant de M. Mirobolan, et le fait tomber.*

Qu'avez-vous, monsieur, et qui vous oblige à vous emporter de la sorte?

MIROBOLAN.

Impertinente! qui a pensé faire casser le cou à un des principaux membres de la médecine.

SCENE X.

MIROBOLAN, LISIDOR, DORINE, LISE, MARIN.

LISE, *à Dorine.*
Monsieur Mirobolan est-il ici?

DORINE.
Le voilà. (*à part.*) Elle vient fort à propos.

MIROBOLAN.
Que me voulez-vous?

LISE.
Je voudrois que vous fussiez pendu. M'avoir ordonné des pilules qui m'ont pensé faire mourir!

MIROBOLAN.
Moi?

LISE.
Oui, vous. Voilà comme vous faites, bons affronteurs. Vous ordonnez souvent les choses à tort et à travers : allons, prends, et rencontre si tu peux. Des pilules pour retrouver un chien perdu!

MIROBOLAN.
Vous vous méprenez; je ne vous ai jamais vue.

LISE.
Jamais! Ne vous ai-je pas tantôt donné un écu blanc?

MIROBOLAN.
Vous êtes folle.

LISE.
Tu en as menti, et...

SCENE XI.

MIROBOLAN, LISIDOR, DORINE, GRAND-SIMON, LISE, MARIN.

GRAND-SIMON.

Ah! si je rencontre ce monsieur Mirobolan, je m'en vais lui chanter diablement sa gamme.

LISE.

Tenez, le voilà.

GRAND-SIMON.

Parbleu, monsieur, il faut que vous soyez un grand ignorant, une grande bête, d'ordonner des pilules pour savoir si l'on est aimé d'une fille! et moi bien fou de les avoir prises! Elles m'ont quasi envoyé en l'autre monde, et je n'en suis pas encore remis.

MIROBOLAN.

Vous êtes fou de me parler de la sorte; je ne vous connois point.

GRAND-SIMON.

Ne vous ai-je pas tantôt donné un écu d'or?

LISE.

Il va tout nier, comme il m'a fait.

MIROBOLAN.

Il faut vous mettre tous deux aux petites-maisons, car vous êtes des fous.

GRAND-SIMON.

Morbleu! tu en as menti; je ne suis point fou. Treve

à de tels discours, car je pourrai bien te donner de ma houssine sur les oreilles.

LISE.

Et moi, t'arracher la barbe.

MIROBOLAN.

Ah! c'en est trop endurer. Dorine, qu'on aille quérir un commissaire.

GRAND-SIMON.

Qu'elle aille, qu'elle aille; je l'attends.

LISE.

Et moi aussi.

GRAND-SIMON.

Vous verrez que ces messieurs tueront les gens, et qu'ils auront encore raison.

SCENE XII.

LISIDOR, MIROBOLAN, FÉLIANTE, DORINE, GRAND-SIMON, LISE, CRISPIN, MARIN.

CRISPIN, *sortant de la maison de M. Mirobolan.*
Mais, madame...

FÉLIANTE.

Mais, monsieur, encore une fois, je ne veux pas que ma fille parle aux gens tête à tête. Si vous avez envie de voir mon mari, vous pouvez prendre le temps qu'il soit au logis.

CRISPIN.

Madame, vous pouvez croire que...

ACTE III, SCENE XII.

FÉLIANTE.

Je sais ce qu'il faut que je croie; mais, encore un coup, vous n'avez que faire chez moi quand mon mari n'y sera pas.

LISE, *à Grand-Simon.*

Il me semble que ce visage ressemble bien à celui qui m'a ordonné des pilules.

GRAND-SIMON.

Parbleu, c'est le médecin qui m'a pensé faire crever. Ah! trompeur, tu me rendras mon argent.

LISE.

Tu me rendras aussi le mien.

LISIDOR, *le prenant au collet.*

Ah! coquin, je te tiens à présent.

CRISPIN.

Non sum coquinus, medicus sum.

MIROBOLAN.

Messieurs, il ne faut pas maltraiter un de mes confreres de la sorte : on doit lui laisser conter ses raisons.

LISIDOR.

C'est le valet de mon fils.

LISE.

C'est le médecin qui nous a ordonné des pilules.

GRAND-SIMON.

Et qui m'ont donné bien de la peine.

LISIDOR.

Coquin! réponds donc à toutes ces choses.

CRISPIN, *à Lisidor.*

Monsieur, il ne vous faut plus rien déguiser; votre

fils n'a point sorti de Paris à cause de l'amour qu'il a pour la fille de monsieur Mirobolan. Elle l'aime passionnément; enfin ils s'aiment tous deux, et m'ont fait jouer plusieurs personnages pour les servir dans leurs amours.

FÉLIANTE.

Ma fille aime ton maître?

CRISPIN.

Oui, madame, et fortement.

FÉLIANTE.

Encore, pour le fils, c'est quelque chose; mais pour le pere, il ne doit jamais espérer d'épouser ma fille.

GRAND-SIMON.

Mais qui t'obligeoit à nous faire prendre des pilules? Cela pouvoit-il servir de quelque chose pour les amours de ton maître?

CRISPIN.

Ce sont des choses dont je vous éclaircirai dans un autre temps.

MIROBOLAN, *à Grand-Simon et à Lise*.

Vous voyez bien que vous me blâmiez sans raison. Mais faites-moi la grace de revenir une autre fois : je vous promets de vous contenter d'une façon ou d'autre.

LISE.

J'y consens; mais n'y manquez donc pas.

(*elle sort.*)

GRAND-SIMON.

J'y consens aussi; mais au moins plus de pilules.

ACTE III, SCENE XII.

MIROBOLAN.

Non : adieu.   (*Grand-Simon sort.*)

LISIDOR, *à Crispin.*

Où est-il ton maître ?

CRISPIN.

Le voilà qui vient tout à propos.

SCENE XIII.

LISIDOR, MIROBOLAN, FELIANTE, GERALDE, CRISPIN, DORINE, MARIN.

LISIDOR.

Venez, monsieur de Bourges.

GÉRALDE, *se jetant aux genoux de son pere.*

Ah! mon pere, je vous demande pardon.

MIROBOLAN.

Eh! mon Dieu, laissons tous ces beaux discours. Entrons au logis, et là nous discuterons toutes les choses. Allons, monsieur Lisidor, l'honneur vous appartient.

FIN DE CRISPIN MÉDECIN.

EXAMEN

DE CRISPIN MÉDECIN.

La prose d'Hauteroche est beaucoup plus agréable que ses vers. Crispin Médecin est écrit avec facilité ; le dialogue est vif et rapide, et le trait comique est en général naturel et bien amené. On y trouve, il est vrai, plusieurs plaisanteries triviales, mais du moins elles n'ont ni affectation ni recherche : le sujet les indique presque toujours ; et le spectateur, livré à la gaieté, n'est pas bien difficile sur ce qui l'amuse et le fait rire. L'absence de toute prétention de la part de l'auteur contribue encore à l'indulgence que le public a toujours eue pour cette piece. Loin de donner l'idée d'un homme qui combine avec soin des situations, et qui se force pour être comique, Hauteroche ne présente qu'un esprit jovial qui sent le besoin de faire partager au spectateur la gaieté dont il est animé.

On voit dans cette piece l'avantage que donne à un comédien la connoissance parfaite des effets dramatiques. Quand il ne s'agit que d'un ouvrage de peu d'importance, cette connoissance peut en quelque sorte suppléer au talent. Dans Crispin Médecin, l'action est extrèmement rapide ; aucune scene ne languit, et le dénouement est le résultat nécessaire de l'intrigue. Les rôles de Mirobolan et de Féliante ont beaucoup de rapport avec ceux de Chrysale et de Philaminte des Femmes Savantes, représentées un an avant Crispin. Dans les deux pieces, on voit un mari qui crie bien fort quand sa femme est absente, et qui rentre dans la plus humble soumission aussitôt qu'elle paroît. Comme cette imitation n'est qu'un épisode dans la piece d'Hauteroche, on ne l'a point blâmé. D'ailleurs nous avons déja remarqué qu'il est peu de combinaisons comiques qui ne se trouvent dans Moliere : si l'on eût voulu en interdire l'usage aux poëtes qui l'ont suivi, la carriere se seroit trouvée trop resserrée.

Le second acte de Crispin Médecin est très comique ; les expédiens dont se sert Crispin, enfermé et surpris chez Mirobolan, sont heureusement imaginés, et ne manquent jamais leur effet, de quelque maniere qu'ils soient rendus. La scene des bistouris, celle des consultations, sont devenues triviales à force d'être connues : il faut se reporter au temps où la piece fut donnée pour se faire une idée de la gaieté qu'elles durent exciter.

On joue trop souvent cette piece pour qu'il soit nécessaire d'entrer dans de plus longs détails. Nous observerons seulement qu'elle a dû le succès dont elle jouit depuis plus d'un siecle au naturel de gaieté et d'expression, trop négligé dans les derniers temps par des poëtes qui ont en vain cherché le comique dans des jeux de mots, dans des plaisanteries détournées, et dans une fausse délicatesse.

FIN DE L'EXAMEN DE CRISPIN MÉDECIN.

LE FLORENTIN,

COMÉDIE EN UN ACTE ET EN VERS,

DE LA FONTAINE,

Représentée, pour la premiere fois, le 23 juillet 1685.

NOTICE

SUR LA FONTAINE.

Jean de La Fontaine naquit à Château-Thierri en 1621, et mourut à Paris en 1695.

Il seroit peu convenable de placer au-devant de deux petites comédies échappées à ce grand poëte, et auxquelles il n'attacha presque aucun intérêt, une notice raisonnée des productions qui l'ont placé au rang de nos auteurs classiques. On ne juge plus La Fontaine comme fabuliste; il seroit même impossible d'ajouter à son éloge, si tous ceux qui s'exercent dans son genre ne confirmoient de plus en plus combien il est inimitable. Nous nous bornerons à le considérer comme auteur dramatique.

La Fontaine et Moliere ont été les deux plus grands observateurs de leur siecle; aussi sont-ils ceux de nos poëtes qui ont le plus d'originalité : leur maniere d'observer étoit différente; c'est ce qui explique la supériorité qu'ils ont acquise chacun dans leur genre, et pourquoi, avec un talent presque égal pour peindre le cœur humain, Moliere n'auroit pu imiter les graces et la naïveté du fabuliste, ni La Fontaine s'élever au comique plein de vigueur de l'auteur du Misanthrope.

Moliere vit dans la société un mélange d'intérêts en opposition, et qui se heurtant sans cesse donnoient lieu à des situations dramatiques; son génie lui montra que c'étoit là le vrai domaine de la comédie. Il remarqua que dans la classe élevée les passions vicieuses et les ridicules se cachoient souvent sous des dehors presque uniformes; il employa donc de puissans ressorts pour contraindre les caracteres à se déclarer. Dans la classe inférieure, ces défauts étant moins dissimulés, il se borna à les développer, et les abandonna pour ainsi dire à eux-mêmes. C'est ainsi que dans les peintures qu'il fait des courtisans, il a l'art de les placer dans des situations qui font ressortir leurs travers : dans celles qu'il offre de la bourgeoisie et du peuple, il n'a pas besoin de tant de précaution; les caracteres semblent se livrer à lui avec franchise; et, soit qu'il présente la fausse prétention, le sot orgueil, l'aveugle confiance, ou les passions vicieuses et ridicules, les traits comiques se pressent en foule sous sa plume, et ne s'éloignent jamais de la plus juste mesure et de la plus exacte vérité. On sent que Moliere vivoit dans le monde, qu'il ne se contentoit pas d'y saisir les caracteres; mais qu'il prenoit plaisir à les suivre jusque dans les plus petits détails, se réservant ensuite de n'en peindre que les traits qui pouvoient s'accorder avec la perspective du théâtre.

La Fontaine étoit l'homme du monde qui s'occupoit le moins de ce qui se passoit autour de lui; les intérêts si actifs de la société le frappoient médiocrement, parce qu'il n'avoit pour ainsi dire aucun intérêt qui lui fût propre; il observoit beaucoup en général, et particularisoit peu ses observations. S'il étoit possible d'avoir des ridicules et de rester naturel, La Fontaine n'auroit point vu de ridicules dans le monde; sa bonhomie étoit déconcertée par les prétentions, l'affectation, plutôt que sa malice n'étoit éveillée. Il connut le cœur humain parfaitement, et fut toujours sans défiance; son indulgence, sa bonté n'étoient point un effort de raison, mais un résultat de son caractere, une conséquence du désintéressement qu'il mettoit à tout ce qui ne concernoit que lui. Lorsqu'il promenoit ses regards sur la société, il pardonnoit facilement des foiblesses auxquelles il n'étoit pas étranger; car il se connoissoit fort bien, et c'est pour cela qu'on ne pouvoit exciter sa vanité, ni blesser son amour-propre. Mais s'il toléroit les foiblesses, les vices le révoltoient; et, ne voulant offenser personne par des leçons directes, il trouva dans l'apologue ce qui convenoit à son esprit et à sa bonté. Donnant un caractere particulier à chacun des animaux, il tire plutôt ses effets comiques de l'importance qu'il leur prête, et de leurs habitudes qu'il a l'art de rapprocher de celles des hommes, que des épreuves qu'il leur fait subir et des situations dans lesquelles il les place. Jamais il ne perd ce ton naïf et insinuant qui le caractérise : s'il s'éleve, c'est lorsqu'il exprime des sentimens tendres, ou lorsqu'il peint les injustices du puissant et l'oppression du foible; alors son ame se développe, une véritable sensibilité anime ses vers, et l'on sent une émotion douce et agréable.

On voit que le génie d'observation de La Fontaine étoit peu propre à la comédie, et que son caractere l'éloignoit de tout ce qui peut blesser directement l'amour-propre des hommes; aussi ne s'est-il jamais livré sérieusement à ce genre. Les deux pieces que nous donnons tiennent plutôt à la maniere qu'il employa dans ses contes, qu'au talent que, dans ses fables, il déploya comme moraliste.

(T. L.)

LE FLORENTIN,
COMÉDIE.

ACTEURS.

HARPAGÊME.
HORTENSE, sa pupille.
TIMANTE, amant d'Hortense.
AGATHE, mere d'Harpagême.
MARINETTE, sa servante.
UN SERRURIER ET SES GARÇONS.
UN EXEMPT.
DES ARCHERS.

La scene est à Florence, dans la maison d'Harpagême.

LE FLORENTIN,
COMÉDIE.

SCENE PREMIERE.

TIMANTE, MARINETTE.

MARINETTE.

Que vois-je ? Etes-vous fou, Timante ? ignorez-vous
A quel point est féroce un Florentin jaloux ?
Vous êtes son rival. Transporté de colere,
Il fait de vous tuer sa principale affaire ;
Et, loin d'envisager ces périls évidens,
Vous venez dans sa chambre ! Où donc est le bon sens ?

TIMANTE.

Oui, je sais tout cela, Marinette ; mais j'aime.
Voyant sortir d'ici le brutal Harpagême,
J'ai voulu profiter...

MARINETTE.

Vous ne savez donc pas ?
A peine est-il sorti qu'il revient sur ses pas.
Occupé seulement de l'âpre jalousie,
Rien ne peut l'assurer, de tout il se défie.
S'il faut en revenant qu'il vous trouve en ces lieux...

TIMANTE.

Va, va, j'ai mes raisons pour paroître à ses yeux.

Mais, de grace, instruis-moi de ce que fait Hortense,
De tout ce qu'elle dit, de tout ce qu'elle pense.
Harpagême toujours poursuit-il ses projets?
La tient-il enfermée encor?
MARINETTE.
Plus que jamais.
Pour la soustraire aux yeux de votre seigneurie,
Il met tout en usage, artifice, industrie.
Une chambre, où le jour n'entre que rarement,
Est de la pauvre enfant l'unique appartement :
Autour regne une épaisse et terrible muraille,
De briques composée et de pierres de taille;
Un labyrinthe obscur, pénible à traverser,
Offre, avant que d'entrer, sept portes à passer;
Chaque porte, outre un nombre infini de ferrures,
Sous différens ressorts, a quatre ou cinq serrures,
Huit ou dix cadenas, et quinze ou vingt verroux.
Voilà le plan du fort où ce bourru jaloux
Enferme avec grand soin la malheureuse Hortense;
Encor ne la croit-il pas trop en assurance.
Pour mettre sa personne à l'abri du danger,
Seul il la voit, l'habille, et lui sert à manger;
Seul il passe en tout temps la journée avec elle
A la voir tricotter, ou blanchir sa dentelle :
Parfois, pour lui fournir des passe-temps plus doux,
Il lui lit les devoirs de l'épouse à l'époux;
Ou bien, pour l'égayer, prenant une guitare,
Il lui racle à l'oreille un air vieux et bizarre.
La nuit, pour empêcher qu'on ne le trompe en rien,
Une cloison sépare et son lit et le sien;

SCENE I.

Le bruit d'une araignée, alors qu'elle tricotte,
Une mouche qui vole, une souris qui trotte,
Sont éléphans pour lui qui l'alarment. Soudain
Du haut jusques en bas, un pistolet en main,
Ayant par ses clameurs éveillé tout le monde,
Il court, il cherche, il rôde, il fait par-tout la ronde.
Non, le diable, ennemi de tous les gens de bien,
Le diable qu'on connoît diable, et qui ne vaut rien,
Est moins jaloux, moins fou, moins méchant, moins bizarre,
Moins envieux, moins loup, moins vilain, moins avare,
Moins scélérat, moins chien, moins traître, moins lutin
Que n'est pour nos péchés ce maudit Florentin.

TIMANTE.

Le malheureux! l'on sait comment il traite Hortense.
Par mes soins la justice en a pris connoissance :
Je puis par un arrêt tromper sa passion;
Mais je crains de le mettre en exécution.

MARINETTE.

S'il falloit qu'il en eût la moindre connoissance,
Le poignard aussitôt vous priveroit d'Hortense.
Parlant sur ce chapitre, il nous a dit cent fois
Qu'avant que se soumettre à la rigueur des lois,
Il choisiroit plutôt le parti de la pendre,
Et qu'il aimeroit mieux l'étouffer que la rendre.

TIMANTE.

Cette lettre pourra traverser ses desseins.
A ses yeux je feindrai de la mettre en tes mains,
Te priant de la rendre entre celles d'Hortense;
Toi, pour ne point marquer aucune intelligence,
Tu la refuseras avec emportement.

MARINETTE.

J'entends. Mais gardez-vous de lui dans ce moment :
Il fait faire, dit-on, un ressort qu'il nous cache;
A l'achever dans peu son serrurier s'attache.
Déja...

TIMANTE.

Le serrurier s'en est ouvert à moi :
C'est un homme d'honneur. Il m'a donné sa foi
Moyennant quelque argent que j'ai su lui promettre.
De concert avec lui j'ai dicté cette lettre.
Pour punir d'un jaloux les desirs déréglés
Je viens exprès...

MARINETTE.

Il entre.

SCENE II.

HARPAGEME, TIMANTE, AGATHE, MARINETTE.

MARINETTE.

Allez au diable, allez ;
Pour qui me prenez-vous, et quelle est votre attente ?
Merci ! diantre ! ai-je l'air d'une fille intrigante ?

HARPAGÊME.

Que vois-je ?

TIMANTE.

Eh ! Marinette, un mot, écoute-moi.

MARINETTE.

Ne m'approchez pas.

SCENE II.

HARPAGÊME.
Bon!

TIMANTE.
Cent louis sont pour toi;
Les voilà.

MARINETTE.
Je n'ai point une ame intéressée.

TIMANTE.
Quoi!...

MARINETTE.
Ces poings puniront votre infâme pensée
Si vous restez.

TIMANTE.
Hortense est commise à tes soins;
Pour m'obliger rends-lui ce billet sans témoins.

HARPAGÊME, *arrachant la lettre.*
Ah! ah! perturbateur du repos du ménage,
Tu veux donc la séduire, et me faire un outrage!

TIMANTE, *l'épée à la main.*
Redonne-moi la lettre, ou ce fer que tu vois...

HARPAGÊME.
Barthélemi, Christophe, Ignace, Ambroise, à moi!
(*Timante s'enfuit.*)

SCENE III.

HARPAGEME, AGATHE, MARINETTE.

MARINETTE.
Comme il fuit!

HARPAGÊME.

Il fait bien, car cette mienne épée
Dans son infâme sang alloit être trempée.
Mais de le voir ici me voilà tout outré.
Comment est-il venu? comment est-il entré?

MARINETTE.

J'étois là-bas au frais quand je l'ai vu paroître :
Je suis soudain rentrée, il m'a suivie en traître,
Me disant qu'il vouloit m'enrichir pour toujours,
Que je prisse le soin de servir ses amours :
Et faisant succéder les effets aux paroles,
Il m'a voulu couler dans la main cent pistoles;
Mais j'aurois moins souffert s'il avoit mis dedans
Ou des cailloux glacés, ou des charbons ardens.
Je creve quand je pense aux offres insolentes...

HARPAGÊME, *à Agathe.*

Ah! ma mere, voilà la perle des servantes!...

(*à Marinette.*)   (*à Agathe.*)
Embrasse-moi, ma fille... Auriez-vous cru cela?
Eh bien! avec ces soins, ma mere, et ces clefs-là,
La garde d'une femme est-elle si terrible,
Et croyez-vous encor cette chose impossible?

AGATHE.

Mon fils, bouleverser l'ordre des élémens,
Sur les flots irrités voguer contre les vents,
Fixer selon ses vœux la volage fortune,
Arrêter le soleil, aller prendre la lune;
Tout cela se feroit beaucoup plus aisément
Que soustraire une femme aux yeux de son amant,
Dussiez-vous la garder avec un soin extrême,

SCENE III.

Quand elle ne veut pas se garder elle-même.

HARPAGÊME.

Il n'est pas question d'aller contre les vents,
Ni de bouleverser l'ordre des élémens,
Mais de garder Hortense; et j'ai pour y suffire
De bons murs, des verroux, et deux yeux: c'est tout dire.

AGATHE.

Abus. Lorsque l'amour s'empare de deux cœurs,
Pour rompre leur commerce et vaincre leurs ardeurs
Employez les secrets de l'art, de la nature,
Faites faire une tour d'une épaisse structure,
Rendez ses fondemens voisins des sombres lieux,
Elevez son sommet jusqu'aux voûtes des cieux,
Enfermez l'un des deux dans le plus haut étage,
Qu'à l'autre le plus bas devienne le partage;
Dans l'espace entre eux deux, par différens détours,
Disposez plus d'Argus qu'un siecle n'a de jours,
Empruntez des ressorts les plus cachés obstacles;
Plus grands sont les revers, plus grands sont les miracles:
L'un pour descendre en bas, osera tout tenter;
L'autre aiguillonnera ses esprits pour monter;
Sans s'être concertés pour une fin semblable
Tous deux travailleront d'un concert admirable;
A leurs chants séducteurs Argus s'endormira,
Des verroux par leurs soins le ressort se rompra;
De moment en moment enjambant l'intervalle,
Enfin ils feront tant qu'au milieu du dédale
Imperceptiblement ensemble ils se rendront,
Et malgré vos efforts, mon fils, ils se joindront.
C'est un coup sûr. Mon âge et mon expérience

Doivent dans votre esprit inspirer ma science :
Je sais ce qu'en vaut l'aune, et j'ai passé par-là.
Votre pere vouloit me contraindre à cela ;
Mais s'il n'eût mis un frein à cette ardeur trop prompte,
Il se seroit trompé sûrement dans son compte,
Mon fils.

HARPAGÊME.

Oh ! mieux que lui j'ai calculé le mien :
Je ne suis pas si sot... Suffit... Je ne dis rien...
Mais ouvrons le poulet du damoiseau Timante ;
Apprenons ses desseins, et voyons ce qu'il chante.

(*il lit.*)

« Pour punir votre jaloux je me suis rendu maître
« de la maison qui est voisine de la vôtre, où j'ai
« trouvé les moyens de me faire un passage sous
« terre qui me conduira jusqu'à votre chambre. J'es-
« pere que la nuit ne se passera pas sans que vous
« m'y voyiez. Je vous en avertis afin que votre sur-
« prise ne vous fasse rien faire qui soit entendu de
« votre bourru. Le même passage vous servira pour
« vous faire sortir d'esclavage, et vous mettre au pou-
« voir de la personne qui vous aime le plus.

« TIMANTE. »

Il verra, s'il y vient, un plat de mon métier,
Et je sors pour cela de chez le serrurier.
Ma foi, monsieur Timante, on vous la garde bonne !
Oui, pour joindre en repos Hortense à ma personne
J'ai besoin de sa mort. A tout examiner
Le moyen le plus sûr est de l'assassiner.
J'ai donc fait pour cela construire une machine ;

SCENE III.

Je la ferai poser dans la chambre voisine.
Pressé par son amour, Timante s'y rendra;
Mais au lieu d'y trouver Hortense, il s'y prendra.
Alors tout à mon aise, ayant en main ma dague,
Je vous la plongerai dans son sein, zague, zague,
Et le tuerai, ma mere, avec plaisir, Dieu sait!
Ensuite on le mettra dans ma cave : *hîc jacet*.

AGATHE.

Quoi! de tuer un homme auriez-vous conscience?
Loin que votre dessein vous fasse aimer d'Hortense,
Ce coup augmentera sa haine, il est certain.

HARPAGÊME.

Bon, bon! morte est la bête, et mort est le venin.
Depuis que dans ces lieux Hortense est enfermée,
Qu'à ne plus voir Timante elle est accoutumée,
Elle est déja soumise à vouloir m'épouser;
Pour l'y fortifier j'ai su la disposer
A voir un sien cousin, magistrat, homme sage,
Qu'elle connoît de nom, et non pas de visage :
Elle sait seulement qu'il est en grand crédit.
Etant de ses parens, et de sublime esprit,
Elle ne craindra pas d'ouvrir à sa prudence
Les secrets de son cœur et tout ce qu'elle pense;
Et comme ce grand homme est de mes bons amis,
Afin de m'obliger, ma mere, il m'a promis
Que selon mes desirs il tournera son ame.

AGATHE.

Ce cousin entreprend de changer une femme!
Il est donc assez vain de présumer de soi?
Et quel est donc ce sot entrepreneur?

LE FLORENTIN.

HARPAGÊME.

C'est moi.

AGATHE.

Vous!

HARPAGÊME.

Moi! de ce cousin j'avois la fantaisie ;
Depuis, prenant conseil d'un peu de jalousie
Qui m'apprend que de tout il faut se défier,
J'ai cru plus à propos de me la confier.
Ce soir, l'obscurité devenant favorable,
Ayant la barbe et l'air d'un homme vénérable,
En habit, et des pieds en tête revêtu
Du fastueux dehors d'une austere vertu,
Je prétends, selon moi, pétrir le cœur d'Hortense,
Et par même moyen savoir ce qu'elle pense.

AGATHE.

Gardez-vous d'accomplir ce dessein dangereux!
Afin qu'en son ménage un homme soit heureux,
Bannissant de chez lui toute la défiance,
Loin de vouloir savoir ce que sa femme pense,
Il doit fuir avec soin, comme on fuit un forfait,
L'occasion d'apprendre ou voir ce qu'elle fait.

HARPAGÊME.

Chansons! Rien ne me peut détourner de la chose.
Afin d'exécuter ce que je me propose
Faisons venir Hortense en cet appartement.

(*Il sort, et l'on entend plusieurs portes s'ouvrir.*)

SCENE IV.

AGATHE, MARINETTE.

AGATHE.
Le ciel le punira de cet entêtement...
Que de portes! quel bruit de clefs! quel tintamarre!
MARINETTE.
De faire voir sa femme un jaloux est avare.
AGATHE.
Oui; mais qui la confie à la foi des verroux
Est trompé tôt ou tard.

SCENE V.

HARPAGEME, AGATHE, HORTENSE, MARINETTE.

HARPAGÊME.
            Hortense, approchez-vous.
Monsieur votre cousin en ces lieux va se rendre :
Avec un cœur ouvert ayez soin de l'entendre :
Il est ici tout proche, et je vais l'avertir.
                      (Il sort.)

SCENE VI.

AGATHE, HORTENSE, MARINETTE.

AGATHE.
Autant qu'à vos débats on m'a vu compatir,

Autant ma joie éclate à votre intelligence,
Ma bru; je vais agir de toute ma puissance
Pour porter de mon fils l'esprit à la douceur :
Vous, à le caresser, contraignez votre cœur.
Nos petites façons amollissent les ames;
Et les hommes ne sont que ce qu'il plaît aux femmes.
(*Elle sort.*)

SCENE VII.

HORTENSE, MARINETTE.

MARINETTE.

Harpagême, ce soir, sera donc votre époux?
HORTENSE.
Un jaloux furieux, les astres en courroux,
L'horreur d'une prison longue, obscure, ennuyante,
Le repos de mes jours, tout l'ordonne.
MARINETTE.

Et Timante?
Voulez-vous pour jamais renoncer à le voir?
D'être un jour votre époux il conserve l'espoir :
Même il a, m'a-t-il dit, en tête un stratagême
Qui doit vous délivrer des rigueurs d'Harpagême.
HORTENSE.
Eh! que pourra-t-il faire? Hélas! plus que le mien
Son intérêt me porte à ce triste lien.
Il m'aime et m'aimera tant qu'il verra mon ame
Libre, et dans un état à répondre à sa flamme.
Harpagême le hait, sa vie est en danger.

SCENE VII.

Peut-être quand l'hymen aura su m'engager,
Qu'étouffant un amour que l'espoir a fait naître,
Il n'y songera plus; je l'oublierai peut-être;
J'y ferai mes efforts du moins. Pour commencer
D'ôter de mon esprit Timante et l'en chasser,
Au cousin que j'attends je vais ouvrir mon ame,
Implorer ses conseils pour éteindre ma flamme;
Et, si je ne profite enfin de sa leçon,
Je parlerai du moins de ce pauvre garçon.

MARINETTE.

D'accord; mais ce cousin n'est autre qu'Harpagême,
Je vous en avertis.

HORTENSE.

   Que dis-tu? lui?

MARINETTE.

         Lui-même.
Poussé par un esprit curieux et jaloux,
Sachant que ce cousin n'est point connu de vous,
Sous un déguisement et de voix et de mine,
Vous donnant des conseils de cousin à cousine,
Il prétend vous tirer de vos égaremens,
Et, par même moyen, savoir vos sentimens.
Pour punir ce bourru, c'est à vous de vous taire,
Et de dissimuler le commerce...

HORTENSE.

        Au contraire:
Pour punir dignement sa curiosité,
Je lui vais de bon cœur dire la vérité.
Puisqu'il ose en venir à cette extravagance,
Je vais lui découvrir, sans nulle répugnance,

Tout ce que sent mon cœur, et réduire le sien
A fuir de mon hymen le dangereux lien.
Bien mieux qu'il ne souhaite il s'en va me connoître!
Je m'en ferai haïr par cet aveu peut-être ;
Ou, sachant de quel air je l'estime aujourd'hui,
S'il veut bien m'épouser encor, tant pis pour lui.

MARINETTE.

Il entre... Ah! que sa barbe est rébarbarative!

HORTENSE.

Il se repentira de cette tentative.

SCENE VIII.

HARPAGEME, HORTENSE, MARINETTE.

HARPAGÊME, *en docteur.*
(*à part.*)   (*à Marinette.*)
Feignons, pour l'abuser... En ces lieux envoyé
Pour mettre en bon sentier votre esprit dévoyé...

MARINETTE.

Ce n'est pas moi, monsieur.

HARPAGÊME.

     Qui donc est ma parente
Hortense?

MARINETTE.

  Je ne suis, monsieur, que la suivante...

HARPAGÊME, *à Hortense.*

Est-ce vous?

HORTENSE.

Oui, monsieur.

SCENE VIII.

HARPAGÊME.

(*à Marinette.*) (*à Hortense.*)
Des sieges... Séyez-vous.
(*à Marinette.*)
Regardez-moi... Fermez ce faux jour. Laissez-nous.
(*Marinette sort.*)

SCENE IX.

HARPAGEME, HORTENSE.

HARPAGÊME.
Ma cousine, en ces lieux, de la part d'Harpagême
Je viens pour vous porter à l'hymen. Il vous aime.
Dès vos plus jeunes ans on vous marqua ce choix :
Votre pere en mourant vous imposa ces lois ;
Mais vous, d'un autre amour étant préoccupée,
Vous rendez du défunt la volonté trompée ;
Et le pauvre Harpagême, au lieu d'affection,
N'a vu que haine en vous et que rébellion.

HORTENSE.
Il est vrai, son humeur a rebuté la mienne ;
Mais, monsieur, ce n'est pas ma faute ; c'est la sienne.

HARPAGÊME.
Comment ?

HORTENSE.
Nous demeurions à huit milles d'ici.
Je n'avois jamais vu que lui seul d'homme ; ainsi
Quoiqu'il me parût froid, noir, bizarre et farouche,
Je me comptois toujours compagne de sa couche ;

Sans amour, il est vrai, toutefois sans ennui,
Présumant que tout homme étoit fait comme lui.
Mais, loin de me tenir dans cette erreur extrême,
A me désabuser il travailla lui-même,
Et j'appris par ses soins; avec quelque pitié,
Qu'il étoit des mortels le plus disgracié.

HARPAGÊME.

Quoi! lui-même? comment?

HORTENSE.

Vous le savez; mon pere
De son pouvoir sur moi le fit dépositaire,
Et mourut. Peu de temps après la mort du sien,
Harpagême, héritier et maître d'un grand bien,
D'avoir place au sénat conçut quelque espérance.
Il voulut faire voir son triomphe à Florence,
M'y traînant avec lui malgré moi. Dans ces lieux
Mille gens bien tournés s'offrirent à mes yeux,
Qui de me plaire tous prirent un soin extrême.
Faisant réflexion sur eux, sur Harpagême,
Qui vis-je? Ah! mon cousin, quelle comparaison!
L'erreur en mon esprit fit place à la raison.
Mon jaloux me parut d'un dégoût manifeste,
Et je pris sa personne en haine.

HARPAGÊME, *à part.*

Je déteste!...

HORTENSE.

Quoi donc! ce franc aveu vous déplaît-il? Comment!
Est-ce que je m'explique à vous trop hardiment?

HARPAGÊME.

Non pas, non pas.

SCENE IX.

HORTENSE.
Je vais me contraindre.

HARPAGÊME.
Au contraire,
De ce que vous pensez il ne faut rien me taire.
Si vous voulez, pesant l'une et l'autre raison,
Que je fonde une paix stable en votre maison,
Vous devez me montrer votre ame toute nue,
Ma cousine.

HORTENSE.
Oh! vraiment, j'y suis bien résolue.
Avant que d'épouser Harpagême aujourd'hui,
Afin que vous jugiez si je dois être à lui,
De tout ce que j'ai fait, de tout ce qu'il m'inspire,
Je ne vous tairai rien... Mais n'allez pas lui dire.

HARPAGÊME.
Oh! non, non. Revenons à la réflexion.
Vous fîtes dès ce temps le choix d'un galant?

HORTENSE.
Non :
Jamais d'en choisir un je n'eusse la pensée;
Mais Harpagême, épris d'une rage insensée,
Poussé par un esprit ridicule, importun,
A son dam, malgré moi, m'en fit découvrir un.

HARPAGÊME.
Vous verrez que cet homme aura tout fait.

HORTENSE.
Sans doute;
Car, me voulant contraindre à prendre une autre route,
Pour m'ôter du grand monde, il me fit enfermer.

J'étois à ma fenêtre à prendre souvent l'air.
D'un logis près, un homme en faisoit tout de même.
Je ne le voyois pas d'abord ; mais...
HARPAGÊME.
Vous le fit remarquer, n'est-ce pas ?
HORTENSE.
Justement.
Il me dit, tourmenté par son tempérament,
Que sans doute cet homme étoit là pour me plaire,
Et m'ordonna sur-tout, fulminant de colere,
De ne me plus montrer lorsque je l'y verrois.
Instruite à ce discours de ce que j'ignorois,
J'examinai ses yeux, son maintien, son visage,
Et je vis qu'Harpagême avoit dit vrai.
HARPAGÊME, *à part.*
J'enrage !
HORTENSE.
Cet homme enfin, monsieur, dont Timante est le nom,
Me fit voir en ses yeux qu'il m'aimoit tout de bon.
Il est jeune, bien fait, sa personne rassemble
Dans leur perfection tous les bons airs ensemble,
Magnifique en habits, noble en ses actions,
Charmant...
HARPAGÊME.
Passez, passez sur ses perfections :
Il n'est pas question de vanter son mérite.
HORTENSE.
Pardonnez-moi, monsieur. Dans l'ardeur qui m'agite,
Il me semble à propos de vous bien faire voir

SCENE IX.

Que celui pour qui seul j'ai trahi mon devoir,
Possédant dignement tout ce qu'il faut pour plaire,
A de quoi m'excuser de ce que j'ai pu faire.
Timante est en vertus (et j'en suis caution)
Tout ce qu'est Harpagême en imperfection.

HARPAGÊME.

(*à part.*)   (*à Hortense.*)

Que nature pâtit! mais poursuivons... Peut-être,
Cet amant vous revit encore à la fenêtre?

HORTENSE.

Non, je ne l'y vis plus; mon bourru mécontent
Fit, de dépit, boucher ma fenêtre à l'instant.

HARPAGÊME.

Ah! le bourru! Mais...

HORTENSE.

            Mais, pour punir sa rudesse,
Timante en un billet m'exprima sa tendresse,
Et me le fit tenir nonobstant mon jaloux.

HARPAGÊME.

Comment?

HORTENSE.

            Prenant le frais tous deux devant chez nous,
Deux petits libertins, qui mangeoient des cerises,
Vinrent contre Harpagême à diverses reprises,
Riant, chantant, faisant semblant de badiner :
Ils jetoient leurs noyaux l'un après l'autre en l'air,
Un noyau vint frapper Harpagême au visage :
Il leur dit de n'y plus retourner davantage.
Eux sans daigner l'ouïr et jetant à l'envi,
Cet agaçant noyau de plusieurs fut suivi.

Harpagême à chacun redoubla ses menaces.
Riant de lui sous cape et faisant des grimaces,
Malicieusement ces petits obstinés
Ne visoient plus qu'à lui, prenant pour but son nez.
Transporté de colere et perdant patience,
Harpagême après eux courut à toute outrance;
Quand d'un logis voisin Timante étant sorti,
De cet heureux succès aussitôt averti,
Il me donna sa lettre et rentra dans sa cage.
Harpagême revint, essoufflé, tout en nage,
Sans avoir joint ces deux espiegles; enroué,
Fatigué, détestant de s'être vu joué,
Il en pensa crever de rage et de tristesse.
Comme je ne veux rien vous celer, je confesse
Que je livrai mon ame à de secrets plaisirs
De voir que mon jaloux fût, malgré ses desirs,
La fable d'un rival, et la dupe...

HARPAGÊME, *à part.*

Ah! je creve...

(*à Hortense.*)
De répondre au billet vous n'eûtes point de treve?

HORTENSE.

D'accord; mais il falloit trouver l'invention
De le pouvoir donner.

HARPAGÊME.

Vous la trouvâtes?

HORTENSE.

Bon!
Harpagême y pourvut. Pressé par sa foiblesse,
Il voulut consulter une devineresse,

SCENE IX.

Pour voir s'il seroit seul maître de mes appas.
Il m'y fit un matin accompagner ses pas.
A peine sortons-nous, que j'aperçois Timante.
Harpagême à sa vue aussitôt s'épouvante,
Nous observe de près, me tenant une main.
Dans l'autre étoit ma lettre. Inquiete en chemin
Comment de la donner je pourrois faire en sorte ;
Un homme qui fendoit du bois devant sa porte,
A faire un joli tour me fit soudain penser.
Dans les bûches exprès je fus m'embarrasser ;
Je tombe, et, par l'effet d'une malice extrême,
J'entraîne avecque moi rudement Harpagême.
Timante, à cette chûte, accourt à mon secours.
Moi, qui mettois mon soin à l'observer toujours,
Comme il m'offroit sa main pour soutenir la mienne,
Je coulai promptement mon billet dans la sienne :
Puis je fus du jaloux relever le chapeau,
Qui, dans ce temps, cherchoit ses gants et son manteau,
M'injuriant, pestant contre la destinée.
Mais, comme heureusement ma lettre étoit donnée,
Il ne put me facher. Crotté, gonflé d'ennui,
Il revint sur ses pas : j'y revins avec lui ;
Non sans rire en secret, songeant à cette chûte,
De mon invention, et de sa culebute.

HARPAGÊME.

(*à part.*) (*à Hortense.*)
Ouf !... Et qu'arriva-t-il de l'un et l'autre tour?

HORTENSE.

Timante instruit par moi, pressé par son amour,
Pour me pouvoir parler usa d'un stratagême.

Il fit secrètement avertir Harpagême,
Par un homme aposté, qu'il vouloit m'enlever;
Qu'un soir à ma fenêtre il devoit me trouver,
Et que nous ménagions le moment favorable
Pour m'arracher des mains d'un jaloux détestable.
Cet avis fit l'effet que nous avions pensé.
Par cette fausse alarme Harpagême offensé,
Voulant assassiner l'auteur de cet outrage,
Etant accompagné de spadassins à gage,
Fit quinze nuits le guet sous mon appartement,
Et je vis quinze nuits de suite mon amant
Dans celui du jardin, au bas de ma fenêtre.
Par des transports charmans que nos cœurs faisoient naît
Sans crainte du jaloux exprimant nos amours
Nous cherchions les moyens de le fuir pour toujours,
Et ne nous arrachions de ce lieu de délices
Qu'au moment que du jour on voyoit les prémices.
Je me mettois au lit, où, feignant de dormir,
J'entendois mon bourru tousser, cracher, frémir;
Tantôt venant mouillé jusques à sa chemise;
Tantôt soufflant ses doigts, transi du vent de bise;
Toujours incommodé, toujours tremblant d'effroi:
C'étoit, je vous l'assure, un grand plaisir pour moi.

   HARPAGÊME, *à part.*

Quelle pilule!

   HORTENSE.

   Hélas! ce temps ne dura guere,
Et ce ne fut pour nous qu'une fleur passagere.
De perdre ainsi ses pas notre bizarre outré,
Voyant l'an du trépas de mon pere expiré,

SCENE IX.

De son autorité pressa notre hyménée.
A refuser sa main me voyant obstinée,
Il fit faire un cachot où j'ai passé six mois,
Et j'en sors aujourd'hui pour la premiere fois.
Avec ces sentimens et cette haine extrême,
Jugez-vous que je doive épouser Harpagême ?

HARPAGÊME.

C'est mon avis. Timante est d'aimable entretien,
Il est vrai; beau, bien fait, d'accord; mais il n'a rien.
Harpagême est jaloux; j'y consens : il est chiche
De ces tons doucereux; oui, mais il est très riche.
Pour en ménage avoir du bon temps, de beaux jours,
Croyez-moi, la richesse est d'un puissant secours.
Le cœur qui penche ailleurs en sent quelque amertume;
Mais parmi l'abondance à tout on s'accoutume.
Vaincre une passion funeste à son devoir,
C'est une bagatelle; on n'a qu'à le vouloir.
Par exemple, étouffez cette flamme imprudente,
N'envisagez jamais qu'avec horreur Timante,
Oubliez tout de lui, même jusqu'à son nom.
Çà, ma cousine, allons, promettez-le moi ?

HORTENSE.

         Non.

HARPAGÊME.

Comment! non ? Et pourquoi ?

HORTENSE.

        Je connois ma foiblesse;
Je ne pourrois jamais vous tenir ma promesse.

HARPAGÊME.

Harpagême fait donc des efforts superflus ?

HORTENSE.

Il sera mon époux; et que veut-il de plus?

HARPAGÊME.

Mais vous devez du moins lui montrer quelque estime.

HORTENSE.

Epouser un mari sans qu'on l'aime, est-ce un crime?

HARPAGÊME.

Il vous déplaît donc?

HORTENSE.

Plus qu'on ne peut exprimer.

HARPAGÊME.

Peut-être avec le temps vous le pourrez aimer.

HORTENSE.

Le temps n'éteindra pas l'ardeur qui me domine.
Je n'aimerai jamais que Timante.

HARPAGÊME, *se découvrant.*

Ah! coquine!
Je n'y puis plus tenir; connoissez votre erreur,
Voyez, friponne, à qui vous ouvrez votre cœur.

HORTENSE.

Ah! ah! c'est vous, monsieur; quelle métamorphose?
Pourquoi? Si vous étiez en doute de la chose,
Vous êtes redevable à ma sincérité
De ne vous avoir pas fardé la vérité.
Voilà quelle je suis par votre humeur jalouse,
Et quelle je serai si je suis votre épouse.

HARPAGÊME.

Votre malice en vain s'applique à l'éviter.
Je serai votre époux pour vous persécuter,
Pour vous rendre odieux et Timante et la vie:

A vous faire enrager je mettrai mon génie...
    (*il appelle.*)
Marinette!

SCENE X.

HARPAGEME, HORTENSE, MARINETTE.

MARINETTE.
Monsieur!
HARPAGÊME.
        Eh bien! le serrurier
Travaille-t-il?
    MARINETTE, *paroissant effrayée.*
        Ah! ah!...
    HARPAGÊME.
            Cesse de t'effrayer.
Je viens, sous cet habit, d'apprendre son histoire;
J'ai découvert par là ce qu'on ne pourra croire.
Malgré ma défiance exacte, en tapinois,
L'aurois-tu cru, ma fille? ils m'ont trompé cent fois!
    MARINETTE.
Ah! les méchantes gens!
    HARPAGÊME.
            Mais j'en tiens la vengeance.
Timante doit venir pour enlever Hortense:
        (*à Hortense.*)
Le piege ici l'attend... Oui, traîtresse! à vos yeux
Vous verrez poignarder ce qui vous plaît le mieux.
Nous allons bientôt voir l'essai de cet ouvrage.

SCENE XI.

HARPAGÊME, HORTENSE, MARINETTE, LE SERRURIER ET SES GARÇONS, *qui apportent une cage de fer à ressort.*

HARPAGÊME, *au Serrurier.*

Est-ce fait?

LE SERRURIER.

Oui, monsieur; et pour en voir l'usage,
Je vais tout de ce pas à vos yeux l'essayer.

HARPAGÊME.

Non, non; ce n'est qu'à moi que je m'en veux fier:
J'en veux faire l'essai moi-même.

LE SERRURIER.

Eh! que m'importe?
Sortez donc par ici, passez par cette porte,
Marchez, venez à moi sans appréhender rien.
(*Harpagême se met dans le piege.*)
Eh bien! n'êtes-vous pas pris comme un sot?

HARPAGÊME.

Fort bien:
On ne peut l'être mieux. La peste! quelle étreinte!
Otez-moi promptement, la posture est contrainte.

LE SERRURIER.

Vous délivrer n'est plus en mon pouvoir.

HARPAGÊME.

Pourquoi?

SCENE XI.

LE SERRURIER.

Je n'en suis plus le maître.

(*il sort avec ses garçons.*)

HARPAGÊME.

Et qui l'est donc ?

SCENE XII.

HARPAGEME, TIMANTE, HORTENSE, MARINETTE.

TIMANTE.

C'est moi.

HARPAGÊME.

Comment ! on me trahit ?

TIMANTE.

Non, on te fait justice.
Par cette invention tu forgeois mon supplice,
Et j'en ai fait le tien pour tirer d'embarras
La belle Hortense.

HARPAGÊME.

Hortense ! ah ! ne le croyez pas !
Songez qu'à m'épouser votre foi vous engage,
Ou bien que du démon vous serez le partage.

HORTENSE.

Je l'étois sans ressource en vous donnant la main ;
Mais je crois qu'avec lui l'oracle est moins certain.

HARPAGÊME.

Ah ! Marinette, à moi ! délivre-moi, dépêche.

MARINETTE.

Je n'oserois, monsieur ; Timante m'en empêche.

TIMANTE.

Vos parens et les miens vont comblber notre espoir:
(à *Harpagême.*)
Allons, Hortense... Adieu, seigneur, jusqu'au revoir.

HARPAGÊME.

Arrête...

HORTENSE.

Adieu, monsieur; votre servante.

HARPAGÊME.

Hortense!

Songez...

MARINETTE.

Adieu; prenez un peu de patience.
(*Timante, Hortense et Marinette sortent.*)

HARPAGÊME, *dans le piege.*

Arrête! arrête! arrête!... Holà! quelqu'un, holà!
A moi, tôt!

SCENE XIII.

AGATHE, HARPAGEME.

AGATHE.

Eh! bon Dieu! qui vous a huché là,
Mon fils?

HARPAGÊME.

Moi-même.

AGATHE.

Vous?

HARPAGÊME.

Ah! ma mere, on m'outrage.

SCENE XIII.

Dans mes propres panneaux j'ai donné : j'en enrage !
Soulagez-moi ; brisez ce trébuchet maudit.

AGATHE.

Eh bien ! mon fils, eh bien ! je vous l'avois bien dit :
De vos malins vouloirs voilà la digne issue ;
Vous ne seriez pas là si j'en eusse été crue.

HARPAGÊME.

Cette moralité sied bien à ma douleur !...
Au meurtre, mes voisins ! au secours ! au voleur !

SCENE XIV.

HARPAGEME, AGATHE, UN EXEMPT, DES ARCHERS, LES GARÇONS SERRURIERS.

L'EXEMPT.

Quel bruit ai-je entendu ?

HARPAGÊME.

Monsieur l'Exempt, de grace !
Commandez de ces nœuds que l'on me débarrasse.

L'EXEMPT, *à ses gens et aux serruriers.*

Enfans, prenez ce soin.

(*on délivre Harpagême.*)

AGATHE.

C'en est fait.

HARPAGÊME.

Grand merci !
Courons après les gens qui causent mon souci.

L'EXEMPT.

Mon ordre est de venir m'assurer de vous-même.

Le sénat, qui connoît votre rigueur extrême,
Vous ordonne à l'instant que, sans égard à rien,
Vous lui rendiez raison d'Hortense et de son bien.

HARPAGÊME.

Le sénat le prend mal.

L'EXEMPT.

La résistance est vaine :
Allons.

HARPAGÊME.

Je n'irai pas.

L'EXEMPT.

Eh bien donc! qu'on l'entraîne.

FIN DU FLORENTIN.

EXAMEN
DU FLORENTIN.

On reconnoît, dans cette petite piece, l'excellente littérature du siecle de Louis XIV. Les caracteres sont bien tracés et ne se démentent jamais ; tous les personnages concourent à l'action, et l'on chercheroit vainement un seul mot inutile. Harpagème est jaloux jusqu'à la cruauté ; tyran dans sa maison, personne n'oseroit le contredire : mais quoiqu'il ne fasse pas grande estime des conseils de sa mere, encore est-il obligé de les entendre ; et ce qu'elle dit forme un contraste charmant avec les principes qu'il a adoptés ; l'apologie de l'adresse des amans, placée dans la bouche d'une vieille femme, en devient plus gaie et ne blesse aucune convenance. Marinette conserve une soumission apparente qui lui offre plus de moyens de servir sa jeune maîtresse ; Harpagème ne conçoit aucun soupçon contre cette suivante, parce qu'elle n'a point de finesse dans le caractere : on sent qu'elle trompe à bonne intention, et, pour ainsi dire, par un mouvement de conscience. Ces nuances délicates sont admirables, sur-tout lorsqu'on réfléchit que l'auteur qui les a si bien saisies a mérité le surnom de bon-homme. L'amant ne peut agir sur la scene ; c'étoit déja beaucoup que de l'avoir introduit naturellement une premiere fois dans la maison du jaloux : mais ce jeune homme dénoue l'action ; et, comme dans toute la piece on le montre occupé du projet de délivrer Hortense, il est toujours présent à l'esprit des spectateurs, quoiqu'on ne le voie que dans la premiere et l'avant-derniere scene. Le rôle d'Hortense est charmant : elle a trop souffert pour qu'on n'approuve pas la franchise et la malice avec lesquelles elle ouvre son cœur à Harpagême. Dans la conversation qu'ils ont ensemble, on retrouve cet art de conter qui n'appartient qu'à La Fontaine. Quelle grace dans les détails! quelle gaieté dans le fond de chaque évènement rappelé au jaloux! Toujours humilié de ce qu'il entend, et toujours curieux d'en apprendre davantage, Hortense ne l'épargne pas ; et lorsqu'il croit l'intimider en se découvrant, il reçoit pour l'avenir une menace aussi forte que la leçon qu'il vient de recevoir pour sa conduite passée. Cette scene est un modele de finesse, de naturel et de diction : elle est préparée avec tant d'art, tout ce qui précede concourt à la rendre si piquante, que, quoiqu'il soit certain que la piece a été faite pour lui servir de cadre, on ne sent rien qui annonce ce dessein. Après cette conversation entre les deux principaux personnages, toute union entre eux étant impossible, on applaudit au dénouement qui les sépare, dénouement qui ne laisse rien à desirer, puisqu'il naît des précautions mêmes que prend le jaloux. Nous ne croyons pas être séduits par le nom de La Fontaine en regardant cette petite comédie comme un chef-d'œuvre : depuis plus d'un siecle qu'elle est au théâtre, on n'a point cessé de la jouer, et elle n'a rien perdu de sa fraîcheur.

(T. L.)

FIN DE L'EXAMEN DU FLORENTIN.

LA COUPE ENCHANTÉE,

COMÉDIE

EN UN ACTE ET EN PROSE,

DE LA FONTAINE,

Représentée, pour la premiere fois, le 16 juillet 1688.

ACTEURS.

ANSELME, gentilhomme campagnard.
LÉLIE, fils d'Anselme.
JOSSELIN, gouverneur de Lélie.
BERTRAND, fermier d'Anselme.
M. GRIFFON, Gascon, } beaux-freres.
M. TOBIE, Normand,
LUCINDE, fille de M. Tobie.
THIBAUT, fermier de M. Tobie.
PERRETTE, femme de Thibaut.

La scene est dans la cour du château d'Anselme.

LA COUPE ENCHANTÉE,
COMÉDIE.

SCENE PREMIERE.

BERTRAND, LUCINDE, PERRETTE.

BERTRAND.

Non, mordienne! vous dis-je, je ne me laisserai pas enjoler davantage.

LUCINDE.

Eh! mon pauvre garçon.

BERTRAND.

Je n'en ferai rian.

PERRETTE.

Auras-tu le cœur si dur que....

BERTRAND.

Je l'aurai dur comme un caillou.

LUCINDE.

Laissez-nous ici seulement jusqu'à ce soir

BERTRAND.

Je ne vous y laisserai pas un iota davantage, ventregoine! Si quelqu'un vous alloit trouver enfarmées dans ma logette, et que diroit-on?

PERRETTE.

Ardé! ce qu'on en diroit, seroit-il tant à ton désavantage?

BERTRAND.

Testigué, si notre maître, qui hait les femmes, venoit à vous trouver, où en serois-je?

LUCINDE.

Quand il saura que je suis une jeune fille persécutée par une belle-mere, abandonnée, à sa sollicitation, à l'inimitié de mon propre pere, et qui fuit la maison paternelle de crainte d'épouser un magot qu'elle me veut donner, parce qu'il est son neveu, mes larmes le toucheront; il aura pitié de moi sans doute.

BERTRAND.

Morgué! je vous dis qu'il n'est point pitoyable : je le connois mieux que vous.

PERRETTE.

Et moi, je gage que ses larmes le débaucheront, comme elles m'ont débauchée; je ne les vis pas plutôt couler que je me résolus d'abandonner mon ménage pour aller courir les champs avec elle, quoiqu'il n'y ait qu'onze mois que je sois mariée à Thibaut, le fermier de son pere, qui est le meilleur homme du monde, et de la meilleure humeur. Est-ce que ton maître sera plus rébarbatif que moi?

BERTRAND.

Ventredienne! vous me feriez enrager. Est-ce que je ne savons pas bian ce que je savons?

SCENE I.

LUCINDE.

Fais-moi parler à ce jeune homme, que tu dis qui est son fils; je le toucherai, je m'assure, et je ne doute point qu'il ne fasse quelque chose auprès de son pere en notre faveur.

BERTRAND.

Eh bian! eh bian! ne v'là-t-il pas? Palsangoi! nen dit bian vrai, qu'il n'y a rian de si dur que la tête d'une femme. Ne vous ai-je pas dit, cervelle ignorante! que ce fils est le *tu autem* du sujet pourquoi on reçoit ici les femmes comme un chien dans un jeu de quilles? que le pere ne veut point que le fils en voie aucune? que le fils n'en connoît non plus que s'il n'y en avoit point au monde? et qu'il ne sait pas seulement comme on les appelle? que le pere sottement lui apprend tout cela, que le fils croit tout cela sottement, et que... que... que diable! ne vous ai-je pas dit tout cela?

PERRETTE.

Eh bian! oui. D'où viant qu'il ne veut pas que son fils connoisse les femmes? est-ce une si mauvaise connoissance?

BERTRAND.

D'où viant... d'où viant... Eh! esprit bouché, ne vous souviant-il pas que, de fil en aiguille, je vous ai conté que le pere avoit épousé une femme qui en savoit bian long? et que, pour empêcher que son fils n'ait comme li le même malencombre qu'il a li, comme bian d'autres, il a juré son grand juron que jamais femme ne seroit de rian à ce fils? Et voilà ce qui fait justement que... Mais, ventreguienne! que de babil! est-ce que vous ne voulez donc pas vous taire, et me tourner les talons?

LUCINDE, *lui donnant de l'argent.*

Mon ami! mon pauvre ami!

BERTRAND, *prenant toujours l'argent.*

Mon ami! mon pauvre ami! jarnigué! ne v'là-t-il pas encore la chanson du ricochet, avec vos pieces d'or?

PERRETTE.

Eh! va, va, prends toujours.

BERTRAND.

Ventregué! que veux-tu que j'en fasse?

LUCINDE, *lui donnant encore de l'argent.*

Mon pauvre garçon!

BERTRAND.

Testigué! n'avez-vous point de honte de me tenter comme ça?

PERRETTE.

Prends, te dis-je.

BERTRAND.

Morgué! c'est être bian satan.

LUCINDE, *lui en donnant toujours.*

Bertrand!

BERTRAND.

Jarni! cela est cause que je vous ai déja fait passer la nuit dans ma cahutte.

PERRETTE.

Le grand malheur!

SCENE I.

BERTRAND.

Morgué! cela va encore être cause que je vous y ferai passer le jour.

LUCINDE, *lui en donnant encore.*

Mon cher Bertrand!

BERTRAND.

Mort de ma vie! que vous ai-je fait?

PERRETTE.

Eh! prends, prends.

BERTRAND.

Prends, prends; morgoi! prends toi-même.
(*Perrette veut prendre, et Bertrand se jette sur toute la bourse.*)

PERRETTE.

Eh bian! donne-le moi, je le prendrai.

BERTRAND.

Tu as bian envie de me voir frotté.

PERRETTE.

Là, là, prends courage; il ne t'est point arrivé de mal cette nuit, il ne t'en arrivera pas cette journée. Remene-nous dans la logette.

BERTRAND.

Oui; mais, morgué! notre petit maître est un chercheur de midi à quatorze heures; il a toujours le nez fourré par-tout. S'il viant à vous trouver. Hein!

LUCINDE.

Peut-être sera-t-il bien aise de nous voir et de nous parler.

BERTRAND.

Testigué! ne vous y fiez pas; c'est un petit babillard qui ne manqueroit pas de l'aller dire à son pere. Il vaut mieux que je vous boute dans queuque endroit où il n'aille pas vous chercher. Attendez; je vais voir si personne ne nous en empêche.

(*Il sort.*)

SCENE II.

LUCINDE, PERRETTE, THIBAUT, *derriere le théâtre.*

LUCINDE.

Enfin, Perrette, nous resterons ici jusqu'à ce soir.

PERRETTE.

Oui, mais je ne sommes guere loin du châtiau de votre pere : j'ai peur que nous ne soyons pas long-temps ici sans qu'on vienne nous y charcher.

LUCINDE.

Nous y serons bien cachées. Mais en conscience, Perrette, voudrois-tu partir d'ici sans avoir la charité de tirer ce pauvre petit jeune homme de l'erreur où l'on le fait vivre?

PERRETTE.

Ouais! vous vous intéressez bian pour lui. Si j'osois, je croirois quelque chose.

LUCINDE.

Et que croirois-tu ?

SCENE II.

PERRETTE.

Je croirois que vous ne seriez pas fâchée de l'avoir pour mari.

LUCINDE.

Tu ne sais ce que tu dis.

PERRETTE.

Oh! par ma foi, j'ai mis le nez dessus.

LUCINDE.

Que veux-tu dire?

PERRETTE.

Mon guieu! je ne suis pas si sotte que j'en ai la mine. Quand je vous le vis regarder hier avec tant d'attention, par le trou de la sarrure, je dis à part moi : V'là notre maîtresse Lucinde qui se prend. Et si ce grand dadais que nen lui vouloit bailler pour époux avoit eu aussi bonne mine que ce pé- tit étourneau - ci, je ne serions pas sorties de la maison.

LUCINDE.

Tu vois plus clair que moi, Perrette : je t'avoue que je formai dès hier la résolution de faire tout mon possible pour détromper ce pauvre petit homme, et que c'est à quoi j'ai pensé toute la nuit; mais jusqu'à présent je ne m'aperçois pas que mon cœur agisse par un autre mouvement que par celui de la compassion.

PERRETTE.

Eh! oui, oui, vous autres grosses dames, vous n'allez point tout d'abord à la franquette; vous faites toujours semblant de vous déguiser les choses. Pour moi, je n'y entends point tant de façons ; et quand Thibaut me prit la main pour la premiere fois pour danser, qu'il me la serrit de toute sa force, je devinai du premier coup ce que ça vouloit dire... Eh! mais qu'entends-je?

THIBAUT, *derriere le théâtre.*

Haïe, haïe, haïe!

LUCINDE.

Quelle voix a frappé mon oreille?

THIBAUT, *derriere.*

Ho, ho, ho!

PERRETTE.

Ah! madame, c'est la voix de notre mari Thibaut; nous voilà pardues.

LUCINDE.

Courons promptement nous cacher. (*comme elles vont pour se sauver elles rencontrent Bertrand.*)

SCENE III.

LUCINDE, BERTRAND, PERRETTE, THIBAUT, *derriere le théâtre*, JOSSELIN, *dans le château.*

BERTRAND.

Où courez-vous ? fuyez, fuyez de ce côté.

LUCINDE.

Thibaut, le mari de Perrette, vient par ici.

BERTRAND.

Josselin, le gouverneur de notre petit maître, viant par ilà.

SCENE III.

THIBAUT, *derriere le théâtre.*

Holà, quelqu'un, holà!

PERRETTE.

Entends-tu? c'est fait de nous s'il nous trouve.

JOSSELIN, *dans le château.*

Bertrand, hé! Bertrand!

BERTRAND.

Oyez-vous? nous sommes flambés s'il nous voit.

LUCINDE.

Où nous cacher?

BERTRAND.

Rentrez dans ma logette, et n'en ouvrez la porte à personne.

(*Lucinde et Perrette sortent.*)

SCENE IV.

JOSSELIN, BERTRAND, THIBAUT.

JOSSELIN.

Qu'est-ce donc qui crie de la sorte?

BERTRAND.

Il faut que ce soit quelque passant qui s'est égaré... Mais le v'là!

THIBAUT.

Eh! parlez donc, vous autres, êtes-vous muets?

JOSSELIN.

Non.

THIBAUT.

Vous êtes donc sourds?

JOSSELIN.

Encore moins.

THIBAUT.

Et pourquoi donc ne répondez-vous pas ?

JOSSELIN.

Parce qu'il ne nous plaît pas.

THIBAUT.

Palsangué! vous êtes trop drôles! Puisque vous n'êtes ni sourds ni muets, il faut que je vous embrasse; oui, morgué! je sis votre serviteur.

JOSSELIN.

Est-ce que nous nous connoissons ?

THIBAUT.

Je ne sais pas, mais je crois que nous ne nous sommes jamais vus.

JOSSELIN.

C'est ce qui me semble.

THIBAUT.

Palsangué! vous v'là bian étonnés!

JOSSELIN.

Et qui ne le seroit pas? nous ne nous connoissons point, et vous m'embrassez comme si nous nous étions vus toute notre vie.

THIBAUT.

Testigué! vous avez biau dire, je vois à votre mine que vous êtes un bon vivant, et que vous m'enseignerez ce que je charche.

JOSSELIN.

Et que cherchez-vous ?

SCENE IV.

THIBAUT.

Je charche ma femme; ne l'avez-vous point vue?

JOSSELIN.

Ah! vraiment oui; c'est bien ici qu'il faut chercher des femmes!

THIBAUT.

Elle a nom Parrette : elle s'en est enfuie de cheuz nous, palsangué! cela est bian drôle, pour courir les champs aveucque la fille de M. Tobie, notre maître, que l'on vouloit marier maugré elle au fils de M. Griffon, neveu de notre maîtresse. Je ne sais, morgué! comme les masques ont fagotté tout ça; mais la nuit Parrette se couchit auprès de moi, et puis je ne l'y trouvis plus le lendemain. Avez-vous jamais rian vu de pus plaisant que ça?

JOSSELIN.

Cela est fort plaisant.

THIBAUT.

Oh! ce qu'il y a de plus récréatif, c'est qu'elles sont toutes fines seules; et comme elles sont, morguoi! bian jolies, si elles alloient rencontrer queuque gaillard qui voulût en faire comme des choux de son jardin, elles seroient bian attrapées! Tout franc, quand je songe à cela, je n'en ris, morguoi! que du bout des dents.

JOSSELIN.

Que craignez-vous?

THIBAUT.

Je crains... et que sais-je, moi? je crains... **est-ce**

que vous ne savez pas ce qu'on craint quand on ne sait où diable est sa femme ?

JOSSELIN.

Si vous aviez envie de savoir ce qui en est, on pourroit vous donner satisfaction.

THIBAUT.

Bon! est-ce qu'on sait jamais ça? Pour s'en douter, passe; mais pour en être sûr, nifle. J'aurois, morgué! bieau le demander à Parrette, alle ne l'avoueroit jamais; alle est trop dessalée.

JOSSELIN.

Nous avons ici un moyen sûr pour en savoir la vérité.

THIBAUT.

Et qu'est-ce encore?

JOSSELIN.

C'est une Coupe qui est entre les mains du seigneur de ce château : quand elle est pleine de vin, si la femme de celui qui y boit lui est fidele, il n'en perd pas une goutte; mais si elle est infidele, tout le vin répand à terre.

THIBAUT.

Cela est bouffon! Et où diable a-t-il pêché cela?

JOSSELIN.

Il l'a achetée d'un Arabe qui, soit par composition, ou par enchantement, y avoit attaché cette vertu.

THIBAUT.

Et pourquoi ce monsieur acheta-t-il ce joyau-là?

JOSSELIN.

Par curiosité.

SCENE IV.

THIBAUT.

Est-ce qu'il étoit marié ?

JOSSELIN.

Oui.

THIBAUT.

J'entends, j'entends ; il vouloit voir si sa femme... n'est-ce pas ?

JOSSELIN.

Justement.

THIBAUT.

D'abord qu'il eut la Coupe il y but, je gage ?

JOSSELIN.

Vous l'avez dit.

THIBAUT.

Elle répandit ?

JOSSELIN.

Non.

THIBAUT.

Non ?

JOSSELIN.

Non.

THIBAUT.

Morgué ! c'est être bian plus heureux que sage ! Il s'en tint là ?

JOSSELIN.

Non.

THIBAUT.

Il y rebut ?

JOSSELIN.

Oui.

THIBAUT.

Testigué! v'là un sot homme.

JOSSELIN.

Plus encore que vous ne le dites.

THIBAUT.

Et comment donc? Contez-moi cela, pour rire.

JOSSELIN.

Il voulut éprouver sa femme.

THIBAUT.

Le benêt!

JOSSELIN.

Il lui écrivit sous un nom supposé.

THIBAUT.

Le Jocrisse!

JOSSELIN.

Il lui envoya des présens.

THIBAUT.

L'impertinent!

JOSSELIN.

Il lui donna un rendez-vous.

THIBAUT.

Elle y vint?

JOSSELIN.

Est-ce qu'on peut résister aux présens?

THIBAUT.

Et comment cela se passa-t-il?

JOSSELIN.

En excuses du côté de la dame, en soufflets de la part du mari.

SCENE IV.

THIBAUT.

Elle les souffrit patiemment?

JOSSELIN.

Oui; mais quelques jours après...

THIBAUT.

Il but encore dans la coupe?

JOSSELIN.

Oui.

THIBAUT.

Et que fit la coupe?

JOSSELIN.

Elle répandit.

THIBAUT.

Quand on n'a que ce qu'on mérite, on ne s'en doit prendre qu'à soi.

JOSSELIN.

Il s'en prit à tout le monde, et vint de dépit se loger dans ce château écarté, pour ne plus entendre parler de femme de sa vie.

THIBAUT.

Avec la coupe?

JOSSELIN.

Avec la coupe.

THIBAUT.

Et de quoi lui sert-elle puisqu'il n'a plus de femme?

JOSSELIN.

Elle sert à lui faire voir qu'il a beaucoup de confreres, et cela le console.

THIBAUT.

Et comment le voit-il?

JOSSELIN.

Il engage tous les passans que le hasard conduit ici d'en faire l'épreuve.

THIBAUT.

Et depuis quand fait-il ce métier-là?

JOSSELIN.

Depuis quatorze à quinze ans.

THIBAUT.

En a-t-il bian vu depuis ce temps-là?

JOSSELIN.

Oh! en quantité.

THIBAUT.

S'en est-il trouvé beaucoup qui aient bu dans la coupe sans qu'elle ait répandu?

JOSSELIN.

Cela est si rare que je ne m'en souviens quasi pas.

THIBAUT.

Par ma figue! v'là tout fin droit ce qu'il faut pour bouter notre maître et son biau-frere à la raison; l'un est un bon Normand qui a épousé une Languedocienne, sœur de l'autre; et l'autre est un Gascon qui a épousé une Parisienne : comme ils sont logés vison visu, ils se tarabustont toujours sur le chapitre de leurs femmes. Je vas leu dire que la coupe les mettra d'accord. Ils rôdont autour de cette montagne pour apprendre des nouvelles de leu fille... Mais quel est ce vilain monsieur-là?

JOSSELIN.

C'est le maître de la coupe, et le seigneur de ce château.

SCENE V.

ANSELME, JOSSELIN, THIBAUT, BERTRAND.

ANSELME, *fort échauffé*.

Ah! monsieur Josselin, mon pauvre monsieur Josselin!

JOSSELIN.

Qu'y a-t-il de nouveau, monsieur?

ANSELME.

Je suis dans le plus grand de tous les embarras. Mon... Qui est cet homme-là?

JOSSELIN.

C'est un honnête paysan qui est en quête de sa femme : elle s'est échappée de chez lui avec une jeune fille; et, pour les retrouver, il est avec une paire de messieurs qu'il va chercher pour venir faire l'essai de votre coupe.

THIBAUT.

Je vais vous amener de la pratique; laissez-moi faire. (*il sort.*)

ANSELME.

Ah! vraiment, la Coupe! j'ai bien d'autres tintouins dans la tête.

JOSSELIN.

Qu'avez-vous donc?

ANSELME.

Je viens de voir... Ouf!

BERTRAND, *à part.*

Auroit-il vu ces masques de femmes? Ecoutons. (*il se met entre Josselin qui est à la gauche, et Anselme qui est à la droite du théâtre.*)

ANSELME.

Je viens de voir... (*donnant un soufflet à Bertrand.*) Que fais-tu là?

BERTRAND.

Rian.

ANSELME.

Va à ta besogne, et ne reviens point qu'on ne t'appelle. (*Bertrand sort.*)

SCENE VI.

ANSELME, JOSSELIN.

ANSELME.

Je viens de voir mon fils. Le petit pendard m'a fait des questions qui m'ont pensé mettre l'esprit sens dessus dessous. Il lui prend des curiosités toutes contraires au chemin que je veux qu'il tienne.

JOSSELIN.

Ma foi! monsieur, si vous voulez que je vous parle franchement, il vous sera bien difficile de l'élever toujours dans l'ignorance où vous voulez qu'il soit; je crains bien que toutes vos précautions ne deviennent inutiles, et que cette démangeaison qui vous tient de lui vouloir cacher qu'il y a des femmes au monde, ne porte davantage son petit génie aux connoissances du beau sexe.

SCENE VI.

ANSELME.

Eh! qui l'instruira qu'il y a des femmes?

JOSSELIN.

Tout, monsieur; le bon sens premièrement : oui, ce certain bon sens qui vient avec l'âge, à cet âge qui nous retire insensiblement des bras de l'enfance pour nous conduire à la puberté. L'esprit se porte à la conception de bien des choses : la raison vient, et, parmi plusieurs curiosités, nous fait apercevoir que l'homme ne vient point sur terre comme un champignon; que c'est une petite machine où il y a bien des ressorts. Ces ressorts viennent à se mouvoir par le moyen du cœur, ce mouvement du cœur échauffe la cervelle, cette cervelle échauffée se forme des idées qu'elle ne conçoit pas bien d'abord; l'amour se met quelquefois de la partie; il explique toutes ces idées, il prend le soin de les rendre intelligibles; et voilà comme la connoissance vient aux jeunes gens ordinairement, malgré qu'on en ait.

ANSELME.

Tous ces raisonnemens sont les plus beaux du monde; mais je m'en moque, et j'empêcherai bien que mon fils... Le voici. Je ne suis pas en état de lui parler; mon désordre paroîtroit à sa vue. Fortifiez-le dans mes pensées pendant que je vais me remettre.

(*Il sort.*)

SCENE VII.

LELIE, JOSSELIN.

LÉLIE.

D'où vient que mon pere me fuit?

JOSSELIN.

Il a des affaires en tête. Lui voulez-vous quelque chose?

LÉLIE.

Je ne sais.

JOSSELIN.

Vous ne savez?

LÉLIE.

Non, je ne sais ce que je lui veux; je ne sais ce que je me veux à moi-même. Je sens bien que je m'ennuie, et je ne sais pourquoi je m'ennuie.

JOSSELIN.

C'est que vous êtes un petit indolent qui n'avez pas l'esprit de jouir des beautés qui se présentent à vous.

LÉLIE.

Eh! quelles sont ces beautés?

JOSSELIN.

Le ciel, la terre, le feu, l'eau, l'air, le jour, la nuit, le soleil, la lune, les étoiles, les herbes, les prés, les fleurs, les fruits.

LÉLIE.

Oui, tout cela est fort divertissant! Ah! mon cher monsieur Josselin, je voudrois bien...

SCENE VII.

JOSSELIN.

Quoi ?

LÉLIE.

Vous ne le voudriez pas, vous ?

JOSSELIN.

Qu'est-ce encore ?

LÉLIE.

Promettez-moi que vous le voudrez.

JOSSELIN.

Selon.

LÉLIE.

Je voudrois bien aller me promener autre part qu'ici.

JOSSELIN.

Plaît-il ?

LÉLIE.

Ah ! je savois bien que vous ne le voudriez pas.

JOSSELIN.

Avez-vous oublié que votre pere vous l'a défendu ?

LÉLIE.

Eh ! c'est parce qu'il me l'a défendu que je meurs d'envie de le faire : car enfin je m'imagine qu'il y a dans le monde des choses qu'il ne veut pas que je sache ; et ce sont ces choses, que je m'imagine, que je brûle de savoir.

JOSSELIN, *à part.*

Le petit fripon !

LÉLIE.

Oh ! çà, monsieur Josselin, en bonne vérité, dites-moi ce que c'est que ces choses-là.

JOSSELIN.

Qu'est-ce à dire ces choses-là?

LÉLIE.

Oui; qu'est-ce qu'il y a dans le monde qui n'est point ici?

JOSSELIN.

Rien.

LÉLIE.

Vous mentez, monsieur Josselin.

JOSSELIN.

Point du tout.

LÉLIE.

On me cache bien des choses, monsieur Josselin : vous lisez dans des livres, et mon pere y sait lire aussi; pourquoi ne m'a-t-on pas appris à y lire?

JOSSELIN.

On vous l'apprendra; donnez-vous patience.

LÉLIE.

Je ne puis plus vivre comme cela, et c'est une honte d'être aussi ignorant que je le suis à mon âge.

JOSSELIN, *bas*.

Voilà un petit drôle qu'il n'y aura plus moyen de retenir.

LÉLIE.

Et si mon pere venoit à mourir, monsieur Josselin, car je sais bien qu'on meurt, que deviendrois-je?

JOSSELIN.

Vous deviendriez mon fils, et je serois votre pere pour lors.

SCENE VII.

LÉLIE.

Vous vous moquez de moi, monsieur Josselin : ce n'est pas comme cela que cela se fait, et ce seroit à mon tour d'être pere de quelqu'un.

JOSSELIN.

Eh bien! vous seriez le mien, si vous vouliez, et je serois votre fils, moi.

LÉLIE.

Oh! ce n'est pas comme cela que cela se fait assurément. Vous ne voulez pas me le dire; mais je le saurai, vous avez beau faire.

JOSSELIN.

Oh! vous saurez, vous saurez que vous êtes un petit sot, et que vos discours me fatiguent.

LÉLIE.

Monsieur Josselin, si vous ne me menez promener, j'irai me promener tout seul; je vous en avertis.

JOSSELIN.

Oui! et je vais, moi, tout de ce pas avertir votre pere de vos extravagances; et vous verrez après où je vous menerai promener. Oh! oh! voyez, voyez le petit impudent, avec ses promenades! (*il sort.*)

LÉLIE.

Il a beau dire, je sortirai d'ici quand je devrois mourir sur le pas de la porte.

SCENE VIII.

LELIE, LUCINDE, PERRETTE.

PERRETTE, *à Lucinde.*
Madame, le v'là tout seul.

LUCINDE.
Approchons-nous pour voir ce qu'il dira en nous voyant.

LÉLIE, *sans voir les deux femmes.*
Mon pere n'est pourtant pas un bon pere de ne me pas montrer tout ce qu'il sait ; et c'est ce qui fait que je n'ai pas de la peine à me résoudre à le quitter.

PERRETTE.
Il ne faut point lui dire d'abord qui je sommes ; mais je gage bian qu'il le devinera.

LÉLIE.
Je m'imagine que tout ce qu'on ne veut pas que je sache est cent mille fois plus beau que ce que je sais. Je pense je ne sais combien de choses toutes plus jolies les unes que les autres, et je meurs d'impatience de savoir si je pense juste... Mais que vois-je ? voilà deux jeunes garçons joliment habillés : je n'en ai point encore vu comme ceux-là. Je voudrois bien les aborder ; mais je suis tout hors de moi-même, et je n'ai presque pas la force de parler. (*elles font la révérence.*) Ils se baissent et puis ils se haussent ; qu'est-ce que cela signifie ?

LUCINDE.
Nous hésitons à vous aborder.

SCENE VIII.

LÉLIE.

Ils parlent comme moi ; que de questions je vais leur faire !

LUCINDE.

Vous paroissez étonné de nous voir ?

LÉLIE.

Oui, je n'ai jamais rien vu de si beau que vous, ni qui m'ait tant fait de plaisir à voir.

PERRETTE.

Oh ! mort de ma vie, que la nature est une belle chose !

LÉLIE.

D'où venez-vous ? qui vous a conduits ici ? Est-ce mon pere ou moi que vous y cherchez ? De grace, ne parlez point à mon pere, et demeurez avec moi.

LUCINDE.

A ce que je puis juger, vous n'êtes point fâché de nous voir.

LÉLIE.

Je n'ai jamais eu tant de joie !

PERRETTE.

Cela est admirable ! et que croyez-vous de nous, s'il vous plaît ?

LÉLIE.

Ce que j'en crois ?

LUCINDE.

Oui, qui nous sommes ?

LÉLIE.

Les deux plus belles créatures du monde. Je n'ai jamais rien vu ; mais je ne conçois rien de plus parfait que vous, et je n'ai plus de curiosité pour tout le reste. Demeurez toujours avec moi, je vous en conjure; je demeurerai toujours ici, et mon pere et monsieur Josselin en seront ravis.

LUCINDE.

Vous en jugeriez autrement, si vous saviez ce que nous sommes.

LÉLIE.

Eh! n'êtes-vous pas des hommes comme nous?

PERRETTE.

Oh! vraiment, non; il y a bian à dire.

LÉLIE.

Hors les habits et la beauté, je n'y vois point de différence.

PERRETTE.

Oui-dà! c'est bian tout un; mais ce n'est pas de même.

LÉLIE.

Il est vrai que je sens, en vous voyant, ce que je n'ai jamais senti. Ah! si vous n'êtes point des hommes, dites-moi ce que vous êtes, je vous en conjure.

LUCINDE.

Votre cœur ne peut-il pas vous l'expliquer tout-à-fait?

LÉLIE.

Non; mais ce n'est pas la faute de mon cœur, c'est la faute de mon esprit.

PERRETTE.

Eh bian! tenez, mon pauvre enfant, bian loin

d'être des hommes, nous en sommes tout le contraire.

LÉLIE.

Je ne vous entends point.

PERRETTE.

Vous nous entendrez avec le temps. Mais qui aimez-vous mieux de nous deux ? là, parlez franchement, n'est-ce point moi ?

LÉLIE.

Je vous aime beaucoup ; mais je l'aime infiniment davantage.

LUCINDE.

Tout de bon ?

LÉLIE.

Tout de bon.

PERRETTE.

C'est à cause que vous êtes la plus brave.

LÉLIE.

Non, non, je ne regarde point aux habits ; mais je ne saurois vous dire ce qui fait que je l'aime plus que vous.

LUCINDE.

Vous m'aimez donc ?

LÉLIE.

Plus que toutes les choses du monde.

PERRETTE.

Mais que pensez-vous en l'aimant ?

LÉLIE.

Mille choses que je n'ai jamais pensées.

LUCINDE.

N'en avez-vous point à me dire?

LÉLIE.

Oh! quantité; mais je ne sais comment m'exprimer.

PERRETTE.

Eh! que seriez-vous prêt à faire pour lui prouver que vous l'aimez?

LÉLIE.

Tout.

LUCINDE.

Voudriez-vous quitter ces lieux pour me suivre?

LÉLIE.

De tout mon cœur, pourvu que je vous suive toujours.

SCENE IX.

LELIE, JOSSELIN, LUCINDE, PERRETTE.

LÉLIE, *tout transporté de joie.*

Ah! mon cher monsieur Josselin, vous allez être ravi.

LUCINDE.

Ah, ciel!

JOSSELIN.

Que vois-je! tout est perdu. Ah! vraiment, voici bien pis que la promenade.

LÉLIE.

Je n'en avois jamais vu; et je le savois bien, moi,

qu'il y avoit dans le monde quelque chose qu'on ne me disoit pas.

JOSSELIN.

Paix !

PERRETTE.

Qu'il a la mine rébarbative !

JOSSELIN.

Eh ! d'où diantre ces deux carognes-là sont-elles venues ?

LÉLIE.

Monsieur Josselin...

JOSSELIN.

Taisez-vous.

PERRETTE.

Comme il nous regarde !

LUCINDE.

Le vilain homme que voilà !

JOSSELIN.

Qui vous a conduites ici, impudentes que vous êtes ? Qu'y venez-vous faire ?

PERRETTE.

C'est pis qu'un loup-garou.

LÉLIE.

Monsieur Josselin, ne les effarouchez pas !

JOSSELIN.

Comment, petit fripon ! vous osez... (*à part.*) Qu'elles sont jolies !

LUCINDE.

Si c'est un crime pour nous de nous trouver ici,

il n'est pas difficile de le réparer; et notre dessein n'est pas d'y faire un long séjour.

JOSSELIN, *à part, montrant Lucinde.*

Le beau visage qu'a celle-ci!

PERRETTE.

Je n'y serions pas venues, si j'eussions cru qu'on nous eût si mal reçues.

JOSSELIN, *à part, montrant Perrette.*

Le drôle de petit air qu'a celle-là!

LÉLIE.

N'est-il pas vrai, monsieur Josselin, qu'il n'y a rien au monde de plus beau?

JOSSELIN.

Non, cela n'est pas vrai; vous ne savez ce que vous dites. (*à part.*) Les deux jolis petits bouchons que voilà!

PERRETTE.

Il est enragé. Comme il roule les yeux!

LÉLIE.

Monsieur Josselin, menons-les à mon pere.

JOSSELIN.

Comment, petit effronté! à votre pere? Tournez-moi les talons, et ne regardez pas derriere vous.

(*il veut faire sortir Lélie, qui lui résiste.*)

LÉLIE.

Je veux demeurer ici, moi.

JOSSELIN.

Tournez-moi les talons, vous dis-je... Et vous, détalez au plus vîte.

SCENE IX.

LÉLIE.

Je ne veux pas qu'ils s'en aillent.

JOSSELIN.

Et je le veux, moi. Allez vîte... (*bas, à Lucinde et à Perrette.*) Allez vous cacher dans ma chambre, au bout de cette allée. Voilà la clef.

PERRETTE.

Comme il se radoucit! Ferons-je bian d'y aller?

JOSSELIN, *à Lélie.*

Si vous ne vous dépêchez!... (*aux deux femmes.*) Entrez dans le petit cabinet, à main gauche... Allez vîte, allez.

LÉLIE.

Demeurez ici, je vous en conjure!

JOSSELIN.

Je vous l'ordonne, partez promptement.

LÉLIE, *fort échauffé.*

Pour la derniere fois, monsieur Josselin... (*aux deux femmes.*) Attendez-moi, je vous prie : je cours trouver mon pere ; j'obtiendrai de lui que vous demeuriez ici, et monsieur Josselin se repentira de vous avoir grondés. Attendez-moi, au moins ; je reviendrai dans un moment. (*Il sort.*)

SCENE X.

LUCINDE, PERRETTE, JOSSELIN.

JOSSELIN.

Ah! malheureuses petites femelles! savez-vous bien où vous êtes, et le malheur qui vous talonne?

LUCINDE.

Nous savons tout ce que vous pouvez nous dire; mais nous espérons tout de votre bonté.

JOSSELIN.

Que vous êtes heureuses d'être belles! Sans cela... Ecoutez, n'allez pas vous entêter de ce petit vilain-là; ce seroit gâter toutes vos affaires.

PERRETTE.

Oh! je ne nous boutons rian dans la tête que de la bonne sorte.

JOSSELIN.

Son pere veut enterrer toute sa race avec lui; et ne consentira jamais...

LUCINDE.

Mettez-nous en lieu où nous puissions vous apprendre notre infortune, et savoir de vous le conseil que nous devons suivre.

JOSSELIN.

Ma chambre est l'endroit où vous puissiez être le mieux cachées dans ce château, et j'en veux bien courir les risques pour l'amour de vous; à condition que pour l'amour de moi...

PERRETTE.

Allez, mon bon monsieur, vous voyez deux pauvres orphelines qui ne sont nullement entichées du vice d'ingratitude.

JOSSELIN.

Venez, suivez-moi.

SCENE XI.

LUCINDE, PERRETTE, JOSSELIN, BERTRAND.

BERTRAND, *les surprenant.*

Oh! palsanguié! je vous prends sur le fait; je n'en suis plus que de moiquié.

JOSSELIN.

Voilà un maroufle qui vient bien mal-à-propos.

BERTRAND.

Testeguienne! pisque vous voulez les fourrer dans votre chambre, je ne serai pas pendu tout seul pour les avoir boutées dans ma cahutte : vous le serez avec moi; je ne m'en soucie guere.

JOSSELIN.

Veux-tu te taire?

BERTRAND.

Morgué! je ne me tairai point, à moins que je ne retire mon épingle du jeu.

JOSSELIN.

Qu'entends-tu par-là?

BERTRAND.

J'entends que vous soyez pendu tout seul.

JOSSELIN.

Que veut dire cet animal-là?

BERTRAND.

Je veux dire qu'à moins que vous ne disiez que c'est vous qui les avez cachées, par la sangoi! je vais tout apprendre à notre maître.

JOSSELIN.

Eh bien! oui; je dirai que c'est moi.

BERTRAND.

Eh bian! je ne lui dirai donc rian; mais mordié! point de tricherie.

PERRETTE.

J'entends quelqu'un.

BERTRAND.

Rentrez dans ma logette, et ne vous montrez plus au moins.

JOSSELIN.

Chut! ou je te rendrai complice.

BERTRAND.

Motus! ou je découvrirai le pot aux roses.

(*Lucinde et Perrette sortent.*)

SCENE XII.

LELIE, ANSELME, JOSSELIN, BERTRAND.

LÉLIE, *toujours fort transporté.*

Oui, mon pere, il est impossible que vous me refusiez quand vous les aurez vus. Venez seulement... Où sont-ils?... Qu'en avez-vous fait, monsieur Josselin?

JOSSELIN.

Que veut-il dire?

ANSELME.

Je ne sais ce qu'il me vient conter.

LÉLIE.

Que sont-ils devenus, Bertrand?

SCENE XII.

BERTRAND.

A qui en veut-il donc?

LÉLIE.

Répondez-moi, monsieur Josselin, ou, malgré la présence de mon pere...

JOSSELIN.

Doucement, petit drôle!... Sur quelle herbe a-t-il marché?

LÉLIE, *à Bertrand.*

Eclaircis-moi de ce que je veux savoir, coquin!

BERTRAND.

Haïe! haïe! vous m'étranglez... Est-il devenu fou?

LÉLIE.

Ah! mon pere, commandez qu'on me les fasse retrouver, ou j'en mourrai de désespoir.

ANSELME.

Quoi! qu'y a-t-il? que veux-tu qu'on te rende? Te voilà bien échauffé!

LÉLIE.

Cherchons par-tout. Si je ne les retrouve, je sais bien à qui je m'en prendrai.

BERTRAND.

Eh! attendez, attendez : ce ne sont pas des moineaux que vous cherchez?

LÉLIE.

Non, traître! ce ne sont pas des moineaux.

BERTRAND.

Eh bien! morgué! quoi que ce puisse être, allons les chercher nous deux : m'est avis que j'ai entendu quelque chose de ce côté-là. (*il l'emmene justement où elles ne sont pas.*)

LÉLIE.

Courons-y, mon pauvre Bertrand! ne me quitte pas... Monsieur Josselin, malheur à vous si je ne les retrouve! (*Il sort avec Bertrand.*)

SCENE XIII.

ANSELME, JOSSELIN.

JOSSELIN.

Des menaces! Vous voyez comme il perd le respect.

ANSELME.

Qu'on l'arrête.

JOSSELIN.

Non, non : il vaut mieux qu'en courant il aille dissiper ces vapeurs qui lui troublent l'imagination.

ANSELME.

Mais je crois qu'en effet il est devenu fou ; quel galimatias m'a-t-il fait?

JOSSELIN.

C'est justement une suite de ce que je disois tantôt. Ce sont des idées qui lui passent par la cervelle, et je jurerois que ce sont des idées de femmes.

ANSELME.

Des idées de femmes! Vous vous moquez, mon-

SCENE XIII.

sieur Josselin ; peut-on avoir des idées de ce qu'on n'a jamais vu ?

JOSSELIN.

Belles merveilles ! Eh ! ne vous est-il jamais arrivé de faire des songes ?

ANSELME.

Oui.

JOSSELIN.

Et de voir en dormant des choses que vous n'aviez jamais vues, et que vous ne vous seriez même jamais imaginées, si vous n'aviez jamais dormi ?

ANSELME.

D'accord ; mais ce petit garçon-là ne dort point.

JOSSELIN.

Non vraiment ; au contraire, je ne l'ai jamais vu si éveillé.

ANSELME.

Eh bien ?

JOSSELIN.

Eh bien ! il rêve tout éveillé ; et c'est justement ce qui est cause qu'il fait des contes à dormir debout.

ANSELME.

Mais pourquoi lui vient-il des idées de femmes plutôt que d'autres ?

JOSSELIN.

C'est que ces animaux-là se fourrent par-tout, malgré qu'on en ait.

ANSELME.

Cela seroit bien horrible que toutes mes précautions fussent inutiles.

JOSSELIN.

Elles le seront à coup sûr; et dès à présent je vous en donne ma parole.

ANSELME.

Il n'importe; et si je ne puis lui cacher absolument qu'il y ait des femmes, il ne les connoîtra que pour les haïr mortellement.

JOSSELIN.

Il ne les haïra point.

ANSELME.

Il les détestera en apprenant ce qu'elles savent faire... Mais qu'est ceci ?

JOSSELIN.

Eh! c'est ce bon paysan qui vous amène ces deux personnes pour faire l'essai de votre coupe.

SCENE XIV.

ANSELME, JOSSELIN, *sur le devant;* M. GRIFFON, M. TOBIE, THIBAUT, *dans le fond;* LUCINDE, PERRETTE, *à la fenêtre de la cahutte.*

PERRETTE, *à Lucinde.*

Le petit homme n'y est pas, vous dis-je.

LUCINDE.

Il n'importe. Voyons d'ici ce qui se passe, puisque nous pouvons voir sans être vues.

M. GRIFFON, *à M. Tobie.*

Oui, cadédis! jé bous lé dis, et jé bous lé soutiens, bous êtes un von sot, veau-frere.

SCENE XIV.

THIBAUT, *à M. Griffon.*

Ah! ah! monsieur, au mari de madame votre sœur!

PERRETTE, *à Lucinde.*

Madame, c'est Thibaut.

THIBAUT, *à M. Tobie.*

Sot! Eh! qu'est-ce? Queu terminaison est çà?

LUCINDE, *à Perrette.*

Mon pere et mon oncle sont ici.

M. TOBIE, *à M. Griffon.*

Nous sommes gens de bien, de notre race, et je serois marri qu'elle fût entichée des reproches qu'on fait à la vôtre.

THIBAUT, *à M. Tobie.*

Eh! eh! monsieur, le frere de madame votre femme! vous n'y songez pas.

M. GRIFFON, *à M. Tobie.*

Tu fais vien dé m'apparténir.

M. TOBIE, *à M. Griffon.*

C'est le plus vilain endroit de ma vie.

THIBAUT, *à Anselme et à Josselin.*

Messieurs, messieurs, venez m'aider, s'il vous plaît, à mettre le holà entre deux beaux-freres qui se vont couper la gorge.

ANSELME, *à Griffon et à Tobie.*

Qu'est-ce que c'est donc? Qu'avez-vous, messieurs, qui vous oblige à en venir aux invectives?

M. GRIFFON.

Ah! messiurs, serbitur : jé bous fais jugés dé céci. Boici lé fait. Jé fais l'honnur à cé monsiur dé donner mon fils, qui est novlé commé moi, mordi! en mariagé à sa fillé, qui n'est qu'uné simplé roturieré; et parcé qué la beille des noces la sotté s'éclipsé de la casé paternellé, il a l'insolencé dé diré qué c'est ma fauté, et qu'ellé a eu pur d'entrer dans mon alliancé, à causé qué jé suis séberé dans ma famillé, et qué jé né bux pas souffrir qu'aucun godélureau approché mon domainé dé la vanlieue.

M. TOBIE.

Qu'est-ce? Je donne ma fille qui aura dix mille livres de rente au fils de ce monsieur, qui est gueux comme un rat; et parce qu'elle s'en est enfuie de chez moi pour éviter ce mariage, il me dira, en me traitant comme un je ne sais qui, que c'est parce que je suis trop bon dans mon domestique, à cause que ma femme est toujours autour de moi à m'étouffer de caresses, et que je souffre qu'elle m'appelle son petit papa, son petit fanfan, son petit camuset; ce qui fait que ma maison est ouverte à tous les honnêtes gens.

JOSSELIN.

Voilà un différent qu'il est assez facile d'accommoder : ces messieurs se disent les choses de si bonne foi qu'on ne peut s'empêcher de les croire. Mais, pour savoir lequel des deux s'est le plus fait aimer de sa femme par ses manieres, votre coupe enchantée sera d'un secours merveilleux; et je suis sûr qu'elle les mettra d'accord : je vais vous l'apporter. (*il sort un instant et revient.*)

SCENE XIV.

ANSELME.

Allez, Monsieur Josselin ; cela finira la dispute.

M. GRIFFON.

Cet hommé nous a fait récit de cette coupé, et je serai rabi dé connoîtré par ellé lequel est lé fat dé nous dux : jé suis sûr qué cé n'est pas moi.

M. TOBIE.

Nous en allons voir tout-à-l'heure un bien penaut! je sais bien qui ce ne sera pas.

ANSELME, *voyant revenir Josselin.*

Voici la Coupe. (*Josselin verse du vin dans la coupe.*)

M. TOBIE.

Donnez, donnez. Je serois fâché de n'en pas faire essai le premier, pour vous montrer combien je suis sûr de mon fait. (*comme il approche la coupe de sa bouche, elle répand, et le vin lui rejaillit au visage, ce qui fait beaucoup rire M. Griffon.*)

JOSSELIN.

Ah! ah!

M. TOBIE, *fort surpris.*

Que vois-je? le vin est répandu, je pense?

JOSSELIN.

Oh! par ma foi! le petit papa, le petit fanfan, le petit camuset en tient.

M. GRIFFON.

Eh! donc, qui dé nous dux est lé fat? Hein! cadédis, mon veau-frere, bous mé ferez raison dé la conduité dé ma sur.

M. TOBIE.

Voilà une méchante créature! je ne l'aurois jamais cru.

JOSSELIN.

Quand elle viendra vous étouffer de caresses, je vous conseille de l'étrangler par bonne amitié.

M. TOBIE.

C'est chez vous qu'elle a sucé ce mauvais lait-là.

M. GRIFFON.

Oui, oui, cadédis! l'absinthé n'est pas plus améré qué lé lait qué jé lur fais sucer... Bersez, bersez, veau Ganimedé... Bous allez boir, veau-frere... A la santé dé la compagnie. (*il veut boire, et la coupe lui fait sauter le vin au nez.*)

JOSSELIN.

Haïe! haïe! haïe!

M. GRIFFON.

Ouais! c'est qué jé né la tiens pas droite. (*il essaie encore, et elle répand.*)

JOSSELIN.

Prenez donc garde.

ANSELME.

Voyez, voyez. (*tout se répand.*)

M. GRIFFON.

La main mé tremblé.

JOSSELIN.

Oh! l'on approche votre domaine de plus près que de la banlieue.

M. TOBIE.

Je savois que ce n'étoit pas ma faute. Je n'ai

SCENE XIV.

garde de donner ma fille à votre fils; il n'en feroit qu'une vraie rien qui vaille.

PERRETTE.

Madame, à quelque chose le malheur est bon.

M. GRIFFON.

Ma foi! jé n'y comprends plus rien. Monsur est von; l'on lé trahit. Jé suis rigidé; et l'on mé trompé. Sandis! comment faut-il donc fairé abec ces diantres d'animaux-là?

THIBAUT.

Morgué! ça est embarrassant.

M. GRIFFON.

On s'en mordra les doigts. Sans adiu. (*Il sort.*)

SCENE XV.

ANSELME, M. TOBIE, THIBAUT, JOSSELIN; LUCINDE, PERRETTE, *à la fenêtre.*

ANSELME.

Jusqu'au revoir.

JOSSELIN, *à M. Tobie.*

Vous plaît-il boire encore un coup? (*à Thibaut.*) Oh! çà, à vous le dez, pays! (*il lui présente la coupe pleine de vin.*)

THIBAUT.

A moi?

LUCINDE, *à Perrette.*

Perrette, ton mari va boire.

PERRETTE.

A quoi s'amuse-t-il? ce n'est pas que je craigne rien, mais le cœur me tape.

JOSSELIN.

A cause que vous êtes un bon frere, en voilà rasade; buvez.

THIBAUT.

Parsangué! je n'ai pas soif.

JOSSELIN.

Il ne s'agit pas d'avoir soif, et c'est seulement par curiosité, et pour savoir si vous êtes aimé de votre femme : buvez.

THIBAUT.

Non, morgué! je ne boirai point. Et si le vin alloit se répandre, par hasard? Testigué! voyez-vous, je suis mal-adroit de ma nature. Quand je saurois ça, en serois-je plus gras? en aurois-je la jambe plus droite? en dormirois-je plus que des deux yeux? en mangerois-je autrement que par la bouche? Non, pargué! c'est pourquoi, frere, je suis votre serviteur, je ne boirai point.

LUCINDE, *à Perrette.*

Je ne croyois pas que votre homme fût si avisé.

JOSSELIN.

Voilà un rustre d'assez bon sens.

ANSELME.

C'est ce qui me semble, et je suis quasi fâché de n'avoir pas été de son humeur.

SCENE XV.

M. TOBIE.

Oh! pardi! mon fermier, vous avez plus d'esprit que votre maître ; je vous le cede.

THIBAUT.

Jarnigué! je ne sais pas si je fais bian; mais je sais bian que je serois fâché de faire autrement. J'aime Parrette ; alle est ma femme, et quand alle seroit la femme d'un autre, alle ne me plairoit pas davantage. Je ne sais si je lui plais sincèrement ; alle en fait le semblant du moins : je ne rentre de fois chez moi que je ne la retrouve tin telle que je l'ai laissée ; il n'y a pas un iota à dire. Alle aime à batifoler ; je suis d'humeur batifolante ; je batifolons sans cesse ; et si je m'allois mettre dans la carvelle tous vos engeins greigniaux, adieu le batifolage. Non, palsanguoi! je n'en ferai rian.

JOSSELIN.

Voilà comme je veux être si je me marie ; mais je ne me marierai pas.

PERRETTE.

Madame, je suis si aise que je ne saurois plus m'en tenir. Il faut que j'aille embrasser notre homme. (*elle se retire de la fenêtre.*)

LUCINDE.

Attends, Perrette ; que vas-tu faire ?

JOSSELIN.

Voilà la perle des maris... Ami, touche là!

THIBAUT.

Votre valet.

M. TOBIE.

Voilà l'exemple des honnêtes gens... Embrasse-moi.

THIBAUT.

Votre sarviteur.

ANSELME.

Voilà le miroir de la vie paisible.

THIBAUT.

Votre très humble.

PERRETTE, *à son mari, en lui frappant sur l'épaule.*

Voilà un vrai homme à femme. Oh! que je te baiserai tantôt!

THIBAUT.

Eh! testigué! c'est Parrette.

ANSELME, *surpris.*

Que vois-je? des femmes!

THIBAUT.

Je n'ai, morgué! pas voulu boire dans la coupe : elle eût peut-être dit quelque chose qui m'auroit chagriné.

PERRETTE.

Elle n'eût rien dit; mais tu as bien fait : je t'en aime davantage.

M. TOBIE.

Perrette, qu'as-tu fait de ma fille?

LUCINDE.

La voilà, mon pere, qui se jette à vos genoux pour vous demander pardon.

SCENE XV.

M. TOBIE.

Va, ma fille, je te pardonne.

ANSELME.

Par quels moyens ces femmes sont-elles entrées chez moi?

JOSSELIN.

Je ne sais: ce sont peut-être elles qui ont fait naître à monsieur votre fils les idées...

SCENE XVI.

ANSELME, LELIE, M. TOBIE, JOSSELIN, LUCINDE, THIBAUT, PERRETTE, BERTRAND.

BERTRAND, *arrêtant Lélie.*

Ce n'est pas par là, vous dis-je.

LÉLIE.

Non, non, laisse-moi... Mais que vois-je? Ah! c'est ce que je cherche... Oui, mon pere, les voilà. Souffrez que je les emmene à ma chambre; je vous promets de n'en sortir jamais.

ANSELME.

Où suis-je? que vois-je? qu'entends-je?

LÉLIE.

Ah! mon pere, n'allez pas gronder, de peur de les effaroucher encore.

ANSELME.

C'en est fait; la destinée et la nature sont plus fortes que mes raisonnemens. Votre seule présence lui en a plus appris en un moment que je ne lui en avois caché pendant seize années.

JOSSELIN.

Cela est admirable!

ANSELME.

Je commence moi-même à me rendre à la raison; et je vais changer de manieres.

M. TOBIE.

Qu'est-ce que tout ceci?

ANSELME.

Vous le saurez, monsieur. En attendant qu'on vous l'apprenne, je vous dirai seulement que mon fils a beaucoup de noblesse et plus de bien, et qu'il ne tiendra qu'à vous d'unir sa destinée à celle de mademoiselle votre fille.

M. TOBIE.

Volontiers : j'en serai ravi ; et cela fera enrager ma femme.

LÉLIE.

Je ne comprends rien à tous ces discours ; que veulent-ils dire, Monsieur Josselin?

JOSSELIN.

Cette belle vous l'apprendra.

ANSELME.

Oui, mon fils, je vous la donne en mariage.

LÉLIE.

En mariage? cela signifie-t-il qu'elle demeurera toujours avec moi, mon pere?

ANSELME.

Oui, mon fils.

SCENE XVI.

LÉLIE, *embrassant son pere.*

Quelle joie! Ah! mon pere, que je vous ai d'obligation!

JOSSELIN.

Jamais le petit fripon ne l'a embrassé si fort.

THIBAUT.

Pargué! Parrette, tout cela est drôle.

PERRETTE.

Oui, tout cela est bel et bon; mais cette chienne de coupe, que deviendra-t-elle? Qu'il n'en soit plus parlé; car, quoique je ne craignions rien, je n'en dormirions point en repos, voyez-vous!

ANSELME.

Qu'elle ne vous inquiete point; je la briserai en votre présence.

JOSSELIN.

Quelqu'un veut-il faire essai de la coupe? qu'il se dépêche; mais franchement je ne conseille à personne d'y boire, et l'exemple du paysan est, sur ma foi, le meilleur à suivre.

FIN DE LA COUPE ENCHANTÉE.

EXAMEN
DE LA COUPE ENCHANTÉE.

Les comédies dont le fonds est puisé soit dans la magie, soit dans quelque effet surnaturel, ont toujours été considérées comme d'un genre inférieur. Le merveilleux peut jusqu'à un certain point entrer dans la tragédie, parce que notre imagination, touchée par des situations pathétiques, ou exaltée par la sublimité des idées et la pompe des vers, se prête sans peine à des suppositions qui sortent de l'ordre commun : nous sommes beaucoup plus difficiles sur la vraisemblance des moyens que l'art dramatique emploie pour nous faire rire. Le poëte comique ne doit compter sur aucune illusion; le spectateur, toujours de sang-froid, juge avec sévérité les ressorts qu'il emploie; et, s'ils ne sont pas tirés de quelque combinaison de circonstances ou de caracteres dont on ait vu des exemples, ils perdent presque toujours leur effet. Il n'y a guere que la comédie d'Amphitryon qui fasse exception à cette regle générale : mais d'abord le sujet, déja traité plusieurs fois sur le théâtre françois, étoit si connu, que l'invraisemblance en étoit presque effacée; ensuite le génie profondément comique de Moliere devoit le rendre supérieur, quel que fût le genre dans lequel il s'exerçàt.

Les pieces dont le comique est fondé ou sur la féerie, ou sur le merveilleux de la fable, ne peuvent donc être tout au plus que d'agréables badinages. De toutes celles qui ont paru au théâtre françois depuis Amphitryon, la Coupe enchantée peut être considérée comme la meilleure. Tirée de deux contes un peu libres, elle ne passe point les bornes de la décence convenue au théâtre; les plaisanteries sont vives et piquantes; et leur légèreté effleure agréablement ce que le sujet peut avoir de scabreux pour des oreilles délicates. Dans cet ouvrage, fait avec rapidité et sans aucune prétention, on retrouve quelquefois la naïveté charmante du fabuliste et l'innocente malice du conteur : elles ne suffiroient pas pour remplir la vaste conception d'une piece de caractere, mais elles donnent à une petite comédie une originalité qui la rend très agréable.

Le rôle de Thibaut est vraiment comique : la prudence qui le porte à ne pas toucher à la coupe, les raisons qu'il donne pour motiver son défaut de curiosité, l'inquiétude de Perrette lorsqu'on engage son mari à faire cette épreuve délicate, sa reconnoissance lorsqu'il refuse de la tenter, donnent lieu à deux scenes très piquantes. Le personnage de Lélie est tel qu'il doit être : on sent ce qu'un jeune homme séparé de toute société doit éprouver lorsqu'il voit une femme pour la premiere fois. Un poëte moderne l'auroit présenté comme un enthousiaste : il auroit peint avec un style *brûlant* l'ardeur de ses desirs ; il auroit fait une scene dans le genre du mélodrame de Pygmalion. La Fontaine, au contraire, n'a donné à Lélie qu'un empressement très naturel dans un jeune homme : il s'exprime avec candeur et simplicité, et ne prend point au tragique une rencontre qui ne peut être que très agréable pour lui.

L'Oracle et les Graces, de Saint-Foix, sont de foibles imitations de la Coupe enchantée. On trouve dans ces pieces du bel esprit, une sensibilité minutieuse, et une fausse délicatesse. Les autres comédies de féerie ou de magie ne sont pas meilleures. C'est ce qui nous a décidés à ne placer dans notre recueil que la piece de La Fontaine, qui, sans être un chef-d'œuvre, peut être regardée comme un modele dans ce genre.

FIN DE L'EXAMEN DE LA COUPE ENCHANTÉE.

LE GRONDEUR,

COMÉDIE

EN TROIS ACTES ET EN PROSE.

DE BRUEYS,

Représentée, pour la premiere fois, le 3 février 1691.

ACTEURS.

M. GRICHARD, médecin.
TÉRIGNAN, fils de M. Grichard.
BRILLON, second fils de M. Grichard.
HORTENSE, fille de M. Grichard.
ARISTE, avocat, et frere de M. Grichard.
MONDOR, amant d'Hortense.
CLARICE, amante de Térignan.
M. FADEL, parent de Clarice.
M. MAMURRA, précepteur de Brillon.
M. RIGAUT, notaire.
LOLIVE, valet de M. Grichard.
JASMIN, laquais de M. Grichard.
CATAU, suivante d'Hortense.
ROSINE, suivante de Clarice.
Un prévôt de maître à danser.
Un laquais.

La scene est à Paris, chez M. Grichard.

LE GRONDEUR,
COMÉDIE.

ACTE PREMIER.

SCENE PREMIERE.
TERIGNAN, HORTENSE.

TÉRIGNAN.

Mais, ma sœur, pourquoi ce retardement?

HORTENSE.

Nous le saurons quand mon pere reviendra de la ville.

TÉRIGNAN.

Il faudroit le savoir plus tôt.

HORTENSE.

Vous avez envoyé Lolive chez mon oncle, et moi Catau, chez Clarice, pour s'en informer; ils seront bientôt ici.

TÉRIGNAN.

Qu'ils tardent à venir, et que je souffre dans l'incertitude où je suis!

HORTENSE.

Voici déja Catau.

SCENE II.

TERIGNAN, HORTENSE, CATAU.

TÉRIGNAN.

Eh bien! qu'as-tu appris chez Clarice?

CATAU.

Monsieur de Saint-Alvar son pere étoit sorti, et Clarice n'étoit pas encore levée; mais...

HORTENSE.

Quoi! mais?

CATAU.

Ne connoissez-vous pas à mon air que je vous apporte de bonnes nouvelles?

HORTENSE.

Et quelles?

CATAU.

Vous serez mariés ce soir l'un et l'autre. La maison de monsieur de Saint-Alvar est toujours remplie de préparatifs qu'on y fait pour vos noces.

HORTENSE.

Je vous le disois bien, mon frere.

TÉRIGNAN.

Je ne serai point en repos que je ne sache la raison du retardement d'hier au soir, de la propre bouche de mon pere.

HORTENSE, *à Catau*.

Va donc voir s'il est revenu.

CATAU.

Bon! revenu. Eh! ne l'entendrions-nous pas s'il

étoit au logis ? cesse-t-il de crier, de gronder, de tempêter tant qu'il y est ? et les voisins eux-mêmes ne s'aperçoivent-ils pas quand il entre ou quand il sort ?

HORTENSE.

Au moins seconde-nous bien aujourd'hui; quoi qu'il fasse, nous avons résolu de le contenter.

CATAU.

De le contenter ? ma foi ! il faudroit être bien fin. Avouez que c'est un terrible mortel que monsieur votre pere ?

HORTENSE.

Nous sommes obligés de le souffrir tel qu'il est.

CATAU.

Les valets et les servantes qui entrent céans n'y demeurent tout au plus que cinq ou six jours : quand nous avons besoin d'un domestique il ne faut pas songer à le trouver dans le quartier, ni même dans la ville : il faut l'envoyer quérir en un pays où l'on n'ait point entendu parler de monsieur Grichard, le médecin. Le petit Brillon, votre frere, qu'il aime à la rage, a changé de précepteur trois fois dans ce mois-ci, parce qu'il ne le châtioit pas à sa fantaisie. Moi-même, je serois déja bien loin si l'affection que j'ai pour vous.... Mais voici Lolive.

SCENE III.

TERIGNAN, HORTENSE, LOLIVE, CATAU.

TÉRIGNAN, *à Lolive.*

Eh bien ! que t'a dit mon oncle ?

LOLIVE.

Monsieur, d'abord il m'a demandé si monsieur votre pere, à qui il m'a donné, étoit bien content de moi. Je lui ai répondu que je n'étois pas trop content de lui, et que depuis deux jours que je le sers, il ne m'a pas été possible...

TÉRIGNAN.

Eh ! laisse tout cela, et me dis seulement s'il n'a point su pourquoi mon mariage avec Clarice a été différé ?

HORTENSE, *à Lolive.*

Et s'il n'a rien appris de nouveau sur le mien avec Mondor.

LOLIVE.

C'est à quoi je voulois venir.

CATAU.

Eh ! viens-y donc.

LOLIVE, *à Térignan et à Hortense.*

Dans le moment que je m'informois de vos affaires le pere de Clarice est entré, et il n'a pas eu le temps de me parler.

TÉRIGNAN.

Tu n'as donc rien appris ?

ACTE I, SCENE III.

LOLIVE.

Pardonnez-moi, monsieur.

HORTENSE.

C'est donc en écoutant ce qu'ils ont dit?

LOLIVE.

Oui, mademoiselle.

CATAU.

Et de quoi se sont-ils entretenus?

LOLIVE, *à Térignan et à Hortense.*

Je vais vous le dire. Ils se sont tirés à l'écart; ils m'ont fait signe de m'éloigner, ils ont parlé tout bas, et je n'ai rien entendu.

CATAU.

Te voilà bien instruit!

LOLIVE.

Mieux que tu ne penses.

TÉRIGNAN.

Mais à ce compte-là tu ne peux rien savoir?

LOLIVE.

Pardonnez-moi, monsieur.

HORTENSE.

Mon oncle te l'a donc dit, ou quelque autre, après que monsieur de Saint-Alvar a été sorti?

LOLIVE.

Pardonnez-moi, mademoiselle.

CATAU.

Eh! comment diantre le sais-tu donc?

LOLIVE.

Oh! donne-toi patience... Vous ne connoissez pas encore tous mes talens. On se cache des valets quand on a quelque secret à dire; et moi, depuis que je sers, je me suis fait une étude de deviner les gens.

CATAU.

Peste de l'imbécille!

LOLIVE.

Oui; et j'y ai si bien réussi, que lorsque deux personnes dont je sais les affaires discourent ensemble avec un peu d'action, je ne veux que les voir en face, et je gagerois, à leurs gestes et à l'air de leur visage, de vous rapporter mot pour mot ce qu'ils ont dit.

CATAU.

Il est devenu fou!

TÉRIGNAN.

Mais enfin, que soupçonnes-tu?

LOLIVE.

Que vos affaires ont changé de face.

HORTENSE.

A quoi l'as-tu reconnu?

LOLIVE.

Premièrement, à ce que monsieur de Saint-Alvar n'a rien voulu dire devant moi à monsieur Ariste.

TÉRIGNAN.

Ah! ma sœur, il n'y a que trop d'apparence!

LOLIVE.

Je ne vous ai pas encore tout dit.

HORTENSE.

Sais-tu quelque chose de plus?

LOLIVE.

Oh! qu'oui. A peine le pere de Clarice a ouvert la bouche, que voici comme votre oncle lui a répondu. Remarquez bien ceci... (*il fait les gestes d'un homme surpris et en colere.*)

CATAU.

Que diantre veux-tu dire?

LOLIVE.

Quoi! tu ne le vois pas? cela est pourtant plus clair que le jour (*montrant Térignan*); et monsieur m'entend bien assurément?

TÉRIGNAN.

Je m'en doute assez.

LOLIVE, *à Hortense.*

Et mademoiselle aussi?

HORTENSE.

Je n'y comprends rien.

LOLIVE.

Je vais vous l'expliquer. Quand votre oncle faisoit ainsi (*il refait les mêmes gestes.*), vous jugez bien qu'il étoit surpris, étonné, et en colere de ce que monsieur de Saint-Alvar venoit de lui dire : ces actions parlent d'elles-mêmes. Tenez, voyez si avec ces gestes-là il pouvoit dire autre chose que ceci : « Quoi! « vous avez changé de sentiment? que me dites-vous « là? est-il possible? »

TÉRIGNAN.

Que disoit à cela monsieur de Saint-Alvar?

LOLIVE.

Voici ce qu'il lui répliquoit (*il fait les gestes d'un homme qui fait des excuses.*).

CATAU.

Et que veulent dire ces actions-là?

LOLIVE.

Pour celles-là qui sont équivoques...

CATAU.

Point : je les trouve aussi claires que les autres.

LOLIVE.

Explique-les donc pour voir.

CATAU.

Eh! explique-les toi-même, puisque tu as commencé.

LOLIVE.

Cela peut signifier qu'il lui faisoit des excuses d'avoir été obligé de changer de sentiment. Voyez... « J'en suis bien fâché; je n'ai pu faire autrement; « M. Grichard l'a voulu... » ou bien cela pourroit encore signifier que l'absence de Mondor a été cause qu'on a différé vos mariages.

CATAU.

Quoi! tu trouves tout cela dans ces gestes?

LOLIVE.

Je gagerois qu'il ne s'en faut pas une syllabe.

CATAU, *à Térignan et à Hortense.*

C'est un fou, vous dis-je; cela ne peut être. Clarice est fille unique de M. de Saint-Alvar, qui est un riche gentilhomme, ami de votre pere; Mondor est un homme de qualité dont le bien et le mérite répondent à la naissance. Vos mariages sont arrêtés depuis hier; la parole est donnée, les contrats sont dressés; il n'y a qu'à signer. Il ne sait ce qu'il dit.

ACTE I, SCENE III.

LOLIVE.

Je ne crois pourtant pas m'être trompé.

CATAU.

Cependant tu n'as rien ouï.

LOLIVE.

Non, mais j'ai vu; et les actions des hommes sont moins trompeuses que leurs paroles.

TÉRIGNAN, *à Hortense.*

Je tremble qu'il ne dise vrai!

CATAU.

Vous vous arrêtez à des visions; et moi, je viens de voir des préparatifs de noces.

LOLIVE.

Ce sont peut-être ces préparatifs qui ont rebuté M. Grichard. Tu sais qu'il a une parfaite aversion pour tout ce qui s'appelle festin, bal, assemblée, divertissement, et enfin pour tout ce qui peut inspirer la joie.

HORTENSE.

Quoi qu'il en soit, va faire exactement ce que mon pere t'a commandé quand il est sorti, afin qu'à son retour il ne trouve ici aucun sujet de se mettre en colere.

CATAU, *à Lolive.*

Adieu, truchement de malheur! Va faire des commentaires sur les grimaces de notre singe.

(*Lolive sort.*)

SCENE IV.

TERIGNAN, HORTENSE, CATAU.

TÉRIGNAN, *à Hortense.*

Ce que Lolive vient de nous dire redouble mes alarmes.

CATAU.

Auriez-vous fait connoître à votre pere que vous êtes amoureux de Clarice?

TÉRIGNAN.

Moi? non, assurément : il me soupçonne au contraire d'aimer Nérine, la fille d'un médecin qui n'est pas trop de ses amis; et, pour le laisser dans son erreur, lorsqu'il me proposa hier la belle Clarice, je feignis de n'y consentir qu'à regret.

CATAU.

Vous fîtes fort bien.

HORTENSE.

Il ignore aussi mes sentimens pour Mondor, et croit même que je ne l'ai jamais vu non plus que lui, à cause qu'il est presque toujours à l'armée.

CATAU.

Tant mieux! Gardez-vous bien de lui faire connoître que ces mariages vous plaisent. Les esprits à rebours, comme le sien, ne veulent jamais ce qu'on veut, et veulent toujours ce qu'on ne veut pas.

HORTENSE.

On frappe et même rudement. Vois qui c'est.

ACTE I, SCENE IV.

CATAU.

Ce sera sans doute votre pere... Non, dieu merci ! c'est monsieur Ariste.

SCENE V.

ARISTE, TERIGNAN, HORTENSE, CATAU.

TÉRIGNAN.

Eh bien ! mon oncle, comment vont nos affaires ?

ARISTE.

Fort mal.

TÉRIGNAN.

Ah ! ciel !

HORTENSE.

Quoi ! mon oncle ?

ARISTE.

Votre pere me suit ; retirez-vous : laissez-moi lui parler ; je veux tâcher de le ramener à la raison.

TÉRIGNAN.

Seroit-il possible ?

ARISTE.

Retirez-vous, vous dis-je, et m'attendez dans votre appartement ; j'irai vous rendre compte de tout... Eh ! vîte ; il vient.

CATAU.

Eh ! tôt retirons-nous : voici l'orage, la tempête, la grêle, le tonnerre, et quelque chose de pis... Sauve qui peut ! (*Térignan, Hortense, et Catau sortent.*)

SCENE VI.

M. GRICHARD, ARISTE, LOLIVE.

M. GRICHARD, *à Lolive.*

Bourreau! me feras-tu toujours frapper deux heures à la porte?

LOLIVE.

Monsieur, je travaillois au jardin; au premier coup de marteau j'ai couru si vîte que je suis tombé en chemin.

M. GRICHARD.

Je voudrois que tu te fusses rompu le cou, double chien! Que ne laisses-tu la porte ouverte?

LOLIVE.

Eh! monsieur, vous me grondâtes hier à cause qu'elle l'étoit. Quand elle est ouverte, vous vous fâchez; quand elle est fermée, vous vous fâchez aussi. Je ne sais plus comment faire.

M. GRICHARD.

Comment faire?

ARISTE.

Mon frere, voulez-vous bien...

M. GRICHARD.

Oh! donnez-vous patience... (*à Lolive.*) Comment faire? coquin!

ARISTE.

Eh! mon frere, laissez là ce valet, et souffrez que je vous parle de...

ACTE I, SCENE VI.

M. GRICHARD.

Monsieur mon frere, quand vous grondez vos valets on vous les laisse gronder en repos.

ARISTE, *à part*.

Il faut lui laisser passer sa fougue.

M. GRICHARD, *à Lolive*.

Comment faire? infâme!

LOLIVE.

Oh! çà, monsieur, quand vous serez sorti, voulez-vous que je laisse la porte ouverte?

M. GRICHARD.

Non.

LOLIVE.

Voulez-vous que je la tienne fermée?

M. GRICHARD.

Non.

LOLIVE.

Si faut-il, monsieur...

M. GRICHARD.

Encore! tu raisonneras, ivrogne?

ARISTE.

Il me semble, après tout, mon frere, qu'il ne raisonne pas mal; et l'on doit être bien aise d'avoir un valet raisonnable.

M. GRICHARD.

Et il me semble à moi, monsieur mon frere, que vous raisonnez fort mal. Oui, l'on doit être bien aise d'avoir un valet raisonnable, mais non pas un valet raisonneur.

LOLIVE, *à part.*

Morbleu ! j'enrage d'avoir raison.

M. GRICHARD.

Te tairas-tu ?

LOLIVE.

Monsieur, je me ferois hacher : il faut qu'une porte soit ouverte ou fermée ; choisissez, comment la voulez-vous ?

M. GRICHARD.

Je te l'ai dit mille fois, coquin ! je la veux... je la... Mais voyez ce maraud-là ! Est-ce à un valet à me venir faire des questions ? Si je te prends, traître ! je te montrerai bien comment je la veux... (*à Ariste.*) Vous riez, je pense, monsieur le jurisconsulte ?

ARISTE.

Moi ! point : je sais que les valets ne font jamais les choses comme on leur dit.

M. GRICHARD, *montrant Lolive.*

Vous m'avez pourtant donné ce coquin-là.

ARISTE.

Je croyois bien faire.

M. GRICHARD.

Oh ! je croyois... Sachez, monsieur le rieur, que je croyois n'est pas le langage d'un homme bien sensé.

ARISTE.

Eh ! laissons cela, mon frere, et permettez que je vous parle d'une affaire plus importante dont je serois bien aise...

M. GRICHARD.

Non ; je veux auparavant vous faire voir à vous-

ACTE I, SCENE VI.

même comment je suis servi par ce pendard-là, afin que vous ne veniez pas après me dire que je me fâche sans sujet. Vous allez voir, vous allez voir... (*à Lolive.*) As-tu balayé l'escalier?

LOLIVE.

Oui, monsieur, depuis le haut jusqu'en bas.

M. GRICHARD.

Et la cour?

LOLIVE.

Si vous y trouvez une ordure comme cela, je veux perdre mes gages.

M. GRICHARD.

Tu n'as pas fait boire la mule?

LOLIVE.

Ah! monsieur, demandez-le aux voisins qui m'ont vu passer.

M. GRICHARD.

Lui as-tu donné l'avoine?

LOLIVE.

Oui, monsieur; Guillaume y étoit présent.

M. GRICHARD.

Mais tu n'as point porté ces bouteilles de quinquina où je t'ai dit?

LOLIVE.

Pardonnez-moi, monsieur; et j'ai rapporté les vides.

M. GRICHARD.

Et mes lettres, les as-tu portées à la poste? Hein!...

LOLIVE.

Peste! monsieur, je n'ai eu garde d'y manquer.

M. GRICHARD.

Je t'ai défendu cent fois de racler ton maudit violon, cependant j'ai entendu ce matin...

LOLIVE.

Ce matin! ne vous souvient-il pas que vous me le mîtes hier en mille pieces?

M. GRICHARD.

Je gagerois que ces deux voies de bois sont encore...

LOLIVE.

Elles sont logées, monsieur. Vraiment, depuis cela j'ai aidé à Guillaume à mettre dans le grenier une charretée de foin, j'ai arrosé tous les arbres du jardin, j'ai nettoyé les allées, j'ai bêché trois planches, et j'achevois l'autre quand vous avez frappé.

M. GRICHARD, *à part*.

Oh! il faut que je chasse ce coquin-là!... Jamais valet ne m'a fait enrager comme celui-ci : il me feroit mourir de chagrin... (*à Lolive.*) Hors d'ici.

LOLIVE, *à Ariste*.

Que diable a-t-il mangé?

ARISTE, *avec douceur*.

Retire-toi. (*Lolive sort.*)

SCENE VII.

M. GRICHARD, ARISTE.

ARISTE.

En vérité, mon frere, vous êtes d'une étrange humeur! A ce que je vois vous ne prenez pas des domestiques pour en être servi, vous les prenez seulement pour avoir le plaisir de gronder.

M. GRICHARD.

Ah! vous voilà d'humeur à jaser!

ARISTE.

Quoi! vous voulez chasser ce valet à cause qu'en faisant tout ce que vous lui commandez, et au-delà, il ne vous donne pas sujet de le gronder; ou pour mieux dire, vous vous fâchez de n'avoir pas de quoi vous fâcher?

M. GRICHARD.

Courage, monsieur l'avocat, contrôlez bien mes actions.

ARISTE.

Eh! mon frere, je n'étois pas venu ici pour cela; mais je ne puis m'empêcher de vous plaindre, quand je vois qu'avec tous les sujets du monde d'être content vous êtes toujours en colere.

M. GRICHARD.

Il me plaît ainsi.

ARISTE.

Eh! je le vois bien. Tout vous rit; vous vous portez bien, vous avez des enfans bien nés, vous êtes veuf; vos affaires ne sauroient mieux aller : cependant on ne voit jamais sur votre visage cette tranquillité d'un pere de famille qui répand la joie dans toute sa maison; vous vous tourmentez sans cesse, et vous tourmentez par conséquent tous ceux qui sont obligés de vivre avec vous.

M. GRICHARD.

Ah! ceci n'est pas mauvais! est-ce que je ne suis pas homme d'honneur?

ARISTE.

Personne ne le conteste.

M. GRICHARD.

A-t-on rien à dire contre mes mœurs?

ARISTE.

Non, sans doute.

M. GRICHARD.

Je ne suis, je pense, ni fourbe, ni avare, ni menteur, ni babillard comme vous; et...

ARISTE.

Il est vrai, vous n'avez aucun de ces vices qu'on a joués jusqu'à présent sur le théâtre, et qui frappent les yeux de tout le monde; mais vous en avez un qui empoisonne toute la douceur de la vie, et qui peut-être est plus incommode dans la société que tous les autres : car enfin on peut au moins vivre quelquefois en paix avec un fourbe, un avare, et un menteur; mais on n'a jamais un seul moment de repos avec ceux que leur malheureux tempérament porte à être toujours fâchés, qu'un rien met en colere, et qui se font un triste plaisir de gronder et de criailler sans cesse.

M. GRICHARD.

Aurez-vous bientôt achevé de moraliser? Je commence à m'échauffer beaucoup.

ARISTE.

Je le veux bien, mon frere; laissons ces contestations. On dit aujourd'hui que vous vous mariez.

ACTE I, SCENE VII.

M. GRICHARD.

On dit! on dit! De quoi se mêle-t-on? Je voudrois bien savoir qui sont ces gens là?

ARISTE.

Ce sont des gens qui y prennent intérêt.

M. GRICHARD.

Je n'en ai que faire, moi. Le monde n'est rempli que de ces preneurs d'intérêt, qui, dans le fond, ne se soucient non plus de nous que de Jean de Vert.

ARISTE.

Oh! il n'y a pas moyen de vous parler.

M. GRICHARD.

Il faut donc se taire.

ARISTE.

Mais, pour votre bien, on auroit des choses à vous dire.

M. GRICHARD.

Il faut donc parler.

ARISTE.

Vous étiez hier dans le dessein de marier avantageusement vos enfans?

M. GRICHARD.

Cela se pourroit.

ARISTE.

Ils consentoient l'un et l'autre à votre volonté?

M. GRICHARD.

J'aurois bien voulu voir le contraire!

ARISTE.

Tout le monde louoit votre choix?

M. GRICHARD.

C'est de quoi je ne me souciois guere.

ARISTE.

Aujour d'hui, sans que l'on sache pourquoi, vous avez tout d'un coup changé de dessein.

M. GRICHARD.

Pourquoi non?

ARISTE.

Après avoir promis votre fille à Mondor, vous voulez la donner aujourd'hui à M. Fadel, qui n'a pour tout mérite que d'être beau-frere de M. de Saint-Alvar.

M. GRICHARD.

Que vous importe?

ARISTE.

Et vous voulez épouser cette même Clarice, que vous avez promise à votre fils?

M. GRICHARD.

Bon! promise... Qu'il compte là-dessus!

ARISTE.

En conscience, mon frere, croyez-vous que dans le monde on approuve votre conduite?

M. GRICHARD.

Ma conduite!... Et croyez-vous en conscience, monsieur mon frere, que je m'en mette fort en peine?

ARISTE.

Cependant...

M. GRICHARD.

Oh! cependant!... cependant chacun fait chez lui

ACTE I, SCENE VII.

comme il lui plaît ; et je suis le maître de moi et de mes enfans.

ARISTE.

Pour en être le maître, mon frere, il y a bien des choses que la bienséance ne permet pas de faire ; car si...

M. GRICHARD.

Oh ! si, car, mais... Je n'ai que faire de vos conseils. Je vous l'ai dit plus de cent fois.

ARISTE.

Si vous vouliez pourtant y faire un peu de réflexion...

M. GRICHARD.

Encore !... Vous ne seriez donc pas d'avis que j'épousasse Clarice ?

ARISTE.

Je crains que vous ne vous en repentiez.

M. GRICHARD.

Il est vrai qu'elle convient mieux à Térignan ?

ARISTE.

Sans doute.

M. GRICHARD.

Et vous ne trouvez pas à propos non plus que je donne Hortense à M. Fadel ?

ARISTE.

C'est un imbécille. J'appréhende que vous ne rendiez votre fille très malheureuse.

M. GRICHARD.

Très malheureuse ! en effet, comme vous dites...

Ainsi vous croyez que je ferois beaucoup mieux de revenir à mon premier dessein?

ARISTE.

Très assurément.

M. GRICHARD.

Et vous avez pris la peine de venir ici exprès pour me le dire?

ARISTE.

J'ai cru y être obligé, pour le repos de votre famille.

M. GRICHARD.

Fort bien!... C'est donc là votre avis?

ARISTE.

Oui, mon frere.

M. GRICHARD.

Tant mieux! j'aurai le plaisir de rompre deux mariages, et d'en faire deux autres contre votre sentiment.

ARISTE.

Mais vous ne songez pas...

M. GRICHARD.

Et je vais tout-à-l'heure chez M. Rigaut, mon notaire, pour cela.

ARISTE.

Quoi! vous allez...

M. GRICHARD, *voulant sortir.*

Serviteur.

SCENE VIII.

M. GRICHARD, ARISTE, BRILLON, CATAU.

CATAU, *à M. Grichard.*
Monsieur, voici Brillon qui vous cherche.
M. GRICHARD.
Que veut ce fripon?
BRILLON.
Mon pere, mon pere, j'ai fait aujourd'hui mon thême sans faute; tenez, voyez. (*il lui donne un papier.*)
M. GRICHARD, *lui jetant le papier au nez.*
Nous verrons cela tantôt.
BRILLON.
Eh! mon pere, voyez-le à cette heure; je vous en prie.
M. GRICHARD.
Je n'ai pas le loisir.
BRILLON.
Vous l'aurez lu en un moment.
M. GRICHARD.
Je n'ai pas mes lunettes.
BRILLON.
Je vous le lirai.
M. GRICHARD, *à part.*
Eh! voilà le plus pressant petit drôle qui soit au monde.
ARISTE.
Vous aurez plutôt fait de le contenter.

BRILLON, *à M. Grichard.*

Je vais vous le lire en françois, et puis je vous lirai le latin... (*lisant.*) « Les hommes... » Au moins ce n'est pas du latin obscur, comme le thême d'hier : vous verrez que vous entendrez bien celui-ci.

M. GRICHARD, *à part.*

Le pendard !

BRILLON, *lisant.*

« Les hommes qui ne rient jamais et qui grondent « toujours sont semblables à ces bêtes féroces qui... »

M. GRICHARD, *lui donnant un soufflet.*

Tiens ! va dire à ton sot de précepteur qu'il te donne d'autres thêmes.

CATAU, *à part.*

Le pauvre enfant !

ARISTE, *à part.*

Belle éducation !

BRILLON, *pleurant, à M. Grichard.*

Oui, oui ! vous me frappez quand je fais bien, et, moi, je ne veux plus étudier.

M. GRICHARD.

Si je te prends !...

BRILLON.

Peste soit des livres et du latin !

M. GRICHARD.

Attends, petit enragé ! attends !

BRILLON.

Oui, oui, attends... Qu'on m'y rattrape !... Tenez, voilà pour votre soufflet. (*il déchire son thême.*)

ACTE I, SCENE VIII.

M. GRICHARD.

Le fouet, maraud! le fouet!

BRILLON.

Oui-dà! le fouet... J'en vais faire autant tout-à-l'heure de ma grammaire et de mon Despautere.

(*Il sort.*)

SCENE IX.

M. GRICHARD, ARISTE, CATAU.

M. GRICHARD.

Tu le paieras!... (*à part.*) Ce petit maraud abuse tous les jours de la tendresse que j'ai pour lui.

CATAU, *à part.*

Voilà déja un petit Grichard tout craché!

M. GRICHARD.

Que marmotes-tu là?

CATAU.

Je dis, monsieur, que le petit Grichard s'en va bien fâché.

M. GRICHARD.

Sont-ce là tes affaires, impertinente?

ARISTE, *à Catau.*

Mon frere a raison.

M. GRICHARD.

Et moi, je veux avoir tort.

ARISTE.

Comme il vous plaira... Oh! çà, mon frere, revenons, je vous prie, à l'affaire dont je viens de vous parler.

M. GRICHARD.

Ne vous ai-je pas dit que je vais de ce pas chez M. Rigaut, mon notaire? Serviteur... Mais que me veut encore cet animal?

SCENE X.

M. GRICHARD, ARISTE, MAMURRA, CATAU.

MAMURRA, *à M. Grichard.*
Monsieur...

M. GRICHARD.

Qu'est-ce, monsieur? Vous prenez très mal votre temps, monsieur Mamurra ; allez-vous-en donner le fouet à Brillon.

MAMURRA.
Abiit, effugit, evasit, erupit!

M. GRICHARD.
Brillon s'est sauvé?

MAMURRA.
Oui, monsieur, *effugit!*

M. GRICHARD, *à part.*
Ces animaux-là ne sauroient s'empêcher de cracher du latin... Parle françois, ou tais-toi, pédant fieffé!

MAMURRA.
Puisque telle est votre volonté, *sit pro ratione voluntas.*

M. GRICHARD.
Encore! Eh! de par tous les diables! parle françois, si tu veux, ou si tu peux, excrément de college!

ACTE I, SCENE X.

MAMURRA.

Soit. Nous lisons dans Arriaga...

M. GRICHARD.

Eh bien! bourreau! dis-moi qu'a de commun Arriaga avec la fuite de Brillon?

MAMURRA.

Oh! çà, monsieur, puisque vous voulez qu'on vous parle françois, je vous dirai que vous avez donné un soufflet à mon disciple fort mal à propos. Il a lacéré, incendié tous ses livres, et s'est sauvé. La correction est nécessaire, *concedo ;* mais il n'est rien de plus dangereux que de châtier quelqu'un sans sujet : on révolte l'esprit au lieu de le redresser ; et la sévérité paternelle et magistrale, dit Arriaga...

M. GRICHARD.

Toujours Arriaga, tête incurable! Sors d'ici tout-à-l'heure, et ton maudit Arriaga; et n'y remets le pied de ta vie, si tu ne me ramenes Brillon.

MAMURRA.

Monsieur...

M. GRICHARD.

Hors d'ici, te dis-je! et va le chercher tout-à-l'heure. (*Mamurra sort.*)

ARISTE, *à M. Grichard.*

Vous ne voulez donc rien écouter?

M. GRICHARD.

Serviteur... (*appelant.*) Hé! Lolive! qu'on selle ma mule... Je reviens dans un moment pour aller voir un malade qui m'attend. (*Il sort.*)

SCENE XI.

ARISTE, CATAU.

ARISTE.

Quel homme!

CATAU.

A qui le dites-vous?

ARISTE.

Si tu savois quel dessein bizarre il a formé!

CATAU.

J'en sais plus que vous. Rosine, la fille de chambre de Clarice, vient de m'informer de tout. Devineriez-vous pourquoi, depuis hier, votre frere s'est mis en tête d'épouser Clarice?

ARISTE.

Peut-être la beauté?...

CATAU.

Tarare! la beauté! c'est bien la beauté, vraiment, qui prend un homme comme lui!

ARISTE.

Qu'est-ce donc?

CATAU.

Vous savez, monsieur, que nous avions tous conseillé à Clarice d'affecter de paroître sévere et rude aux domestiques, en présence de M. Grichard, afin de gagner ses bonnes graces, et de l'obliger à consentir au mariage de Térignan avec elle?

ARISTE.

Je le sais.

ACTE I, SCENE XI.

CATAU.

Eh bien! hier au soir votre frere étoit dans la chambre de M. de Saint-Alvar; Clarice étoit dans la sienne, qui y répond : Rosine vint à faire quelque bagatelle; Clarice prit de là occasion de gronder. M. Grichard, entendant quereller cette fille, quitta brusquement M. de Saint-Alvar, et alla se mettre de la partie. La pauvre créature fut relancée comme il faut! Sa maîtresse fit semblant de la chasser; et, depuis ce moment, notre grondeur a conçu pour elle une estime qui n'est pas imaginable, et qui va jusqu'à la vouloir épouser.

ARISTE.

Est-il possible?

CATAU.

D'abord il le proposa à M. de Saint-Alvar. Comme il est facile, il y consentit, à condition que M. Grichard donneroit Hortense à M. Fadel, son beaufrere, qui est un homme qui lui est à charge.

ARISTE.

Clarice le sait-elle?

CATAU.

Elle en est au désespoir. Je viens de lui parler : elle a déja fait des plaintes à son pere qui commence à se repentir.

ARISTE.

A quelque prix que ce soit, il faut rompre ce dessein.

CATAU.

Nous avons déja concerté avec Clarice et Rosine

ce qu'il y a à faire pour cela; et la fuite de Brillon me fait songer à un stratagême dont il faut que je me serve.

ARISTE.

Que prétends-tu faire ?

CATAU.

Je vous le dirai plus à loisir.

ARISTE.

Allons donc avertir Térignan et Hortense, et prenons ensemble des mesures pour agir de concert.

CATAU.

Allons : notre grondeur sera bien fin s'il ne donne dans les panneaux que je vais lui tendre.

FIN DU PREMIER ACTE.

ACTE II.

SCENE PREMIERE.

LOLIVE, *et peu après* CATAU.

LOLIVE.

La maudite bête qu'une mule quinteuse! Le vilain homme qu'un médecin hargneux! Qu'un pauvre garçon est à plaindre d'avoir à servir ces deux animaux-là! et que le ciel les a bien faits l'un pour l'autre!... Ouf! me voilà tout hors d'haleine; mais, dieu merci! c'est pour la derniere fois.

CATAU, *entrant*.

Ah! te voilà; je te cherchois. D'où viens-tu?

LOLIVE.

Je viens de planter notre chagrin de médecin sur sa chagrine de mule : ils ont enfin détalé d'ici, après avoir fait l'un et l'autre le diable à quatre. Pour récompense ils m'ont donné mon congé.

CATAU.

Ton congé?

LOLIVE.

Oui; le médecin portoit la parole. Ce n'est pas un grand malheur.

CATAU.

J'en suis persuadée; mais avant que le jour se passe, je te donnerai, si tu veux, le moyen de te venger de lui.

LOLIVE.

Quoique la vengeance ne soit pas d'une belle ame, me voilà prêt à tout, et tu peux disposer de moi.

CATAU.

Nous avons compté là-dessus... Mais avant toutes choses va te mettre en sentinelle au coin de la rue; et quand tu verras venir de loin notre grondeur, viens vîte m'avertir... Voici ma maîtresse. (*Lolive sort.*)

SCENE II.
HORTENSE, CATAU.

HORTENSE.

Mon oncle et mon frere sont allés avertir Clarice de se rendre ici.

CATAU.

Fort bien. Vous, si votre pere vous propose de vous marier avec M. Fadel, faites semblant d'être soumise à sa volonté, et ne l'irritez point par un refus.

HORTENSE.

Mais si une fois j'ai dit oui?

CATAU.

Eh bien! vous direz non.

ACTE II, SCENE II.

HORTENSE.

Ne te fâche point, ma pauvre Catau!

CATAU.

Laissez-vous donc conduire.

HORTENSE.

Mais si ce que tu entreprends ne réussit point?

CATAU.

Oh! faites donc à votre tête.

HORTENSE.

Mon dieu, que tu es prompte! Je crains de me voir mariée au plus imbécille et au plus mal fait de tous les hommes.

CATAU.

Vous ne seriez pas la seule. Je connois de belles personnes comme vous qui ont pour époux de petits magots d'hommes; mais aussi en revanche je connois de beaux et grands jeunes hommes qui ont pour épouses de petites guenuches de femmes. Cela est assez bien compensé dans le monde; et l'avarice fait tous les jours de ces assortimens bizarres.

HORTENSE.

Le malheur des autres est une foible consolation.

CATAU.

Oh çà! puisque vous voulez tant raisonner, que prétendriez-vous faire si, malgré ce que j'entreprends, votre pere s'opiniâtroit à vous donner à M. Fadel?

HORTENSE.

Je ne sais... mourir.

CATAU.

Mourir!

HORTENSE.

Oui, te dis-je, mourir.

CATAU.

Et si vous ne pouviez pas mourir?

HORTENSE.

Obéir.

CATAU.

Obéir?

HORTENSE.

Oui, Catau, obéir. Une fille qui a de la vertu n'a point d'autre parti à prendre.

CATAU.

Je ne suis pas, moi, tout-à-fait de cet avis-là. Il est vrai que la vertu défend à une fille d'épouser contre la volonté de ses parens un homme qui lui plaît; mais la vertu ne lui défend pas de s'opposer à leur volonté quand ils veulent lui donner pour époux un homme qui ne lui plaît point.

HORTENSE.

Mon pere n'est pas fait comme les autres; et si j'ai une fois consenti, te dis-je...

CATAU.

Bon! consenti. Allez, mademoiselle, en fait de mariage, une fille a son dit et son dédit... Mais nous n'en viendrons pas là : laissez seulement agir Clarice, et faites ce que je vous dis.

SCENE III.

HORTENSE, CATAU, LOLIVE.

LOLIVE.

Gare! gare! monsieur Grichard. Gare! gare!

CATAU.

Est-il entré?

LOLIVE.

Non, Guillaume ramene sa monture.

HORTENSE.

Et mon pere?

LOLIVE.

Un petit accident l'a fait descendre à deux pas d'ici.

CATAU.

Et quel accident?

LOLIVE.

Il passoit avec sa mule devant la porte d'un de nos voisins : un barbet à qui sa figure a déplu s'est mis tout d'un coup à japper ; la mule a eu peur, elle a fait un demi-tour à droite, et monsieur Grichard un demi-tour à gauche, sur le pavé.

HORTENSE.

S'est-il blessé?

LOLIVE.

Non; il gronde à cette heure le barbet : vous l'aurez ici dans un moment.

HORTENSE.

Je me retire dans ma chambre; j'appréhende sa

mauvaise humeur. (*elle rentre dans sa chambre.*)

CATAU.

Il a été bientôt de retour.

LOLIVE.

C'est qu'il a trouvé besogne faite, à ce que m'a dit Guillaume.

CATAU.

On avoit peut-être envoyé quérir un autre médecin ?

LOLIVE.

Non; mais le malade s'est impatienté, et voyant que monsieur Grichard tardoit trop à venir, il est parti sans son ordre.

CATAU.

Il l'a trouvé mort ?

LOLIVE.

Tu l'as dit.

CATAU.

Cela lui arrive tous les jours... Mais je l'entends... Retire-toi, qu'il ne te voie point. Va dire à Clarice de venir promptement; elle te dira ce que tu as à faire de ton côté... Ecoute. (*elle lui parle à l'oreille.*)

LOLIVE.

C'est assez. (*Il sort.*)

SCENE IV.

M. GRICHARD, CATAU, un laquais.

M. GRICHARD.

Oh! parbleu! canaille, je vous apprendrai à tenir à l'attache votre chien de chien!

CATAU.

Mais aussi voyez ce maraud de voisin! on le lui a dit mille fois... Ce coquin! cet insolent!... Mort de ma vie!... Monsieur, laissez-moi faire, je lui laverai la tête!

M. GRICHARD, *à part.*

Cette fille a quelque chose de bon... (*à Catau.*) Brillon n'est-il point revenu?

CATAU.

Non, monsieur.

M. GRICHARD.

Ce petit fripon-là me fera mourir de chagrin... Et son animal de précepteur?

CATAU.

Il l'est allé chercher, et ne reviendra pas sans vous le ramener.

M. GRICHARD.

Il fera bien!

LE LAQUAIS, *à M. Grichard.*

Monsieur Fadel demande à vous voir.

M. GRICHARD.

Qu'il entre.   (*le laquais sort.*)

M. GRICHARD, *à part.*

Il faut que je fasse un peu causer ce jeune homme, pour voir s'il est aussi nigaud qu'on dit.

SCENE V.

M. GRICHARD, M. FADEL, CATAU.

M. GRICHARD, *à M. Fadel.*

Approchez, mon gendre prétendu. (*M. Fadel approche lentement et avec timidité.*) Eh! approchez, vous dis-je.

CATAU, *à M. Fadel.*

Eh! mettez-vous encore plus près; vous devez savoir que monsieur n'aime pas à crier.

M. FADEL.

Soit.

M. GRICHARD,, *le regardant à chaque demande qu'il lui fait, pour voir s'il parlera.*

Oh! çà, on me veut faire croire que je marie ma fille à un sot?

M. FADEL.

Ouais!

M. GRICHARD.

Je n'en crois rien, puisque je vous la donne.

M. FADEL.

Ah!

M. GRICHARD.

Et avec une grosse dot.

M. FADEL.

Oh! oh!

ACTE II, SCENE V.

M. GRICHARD.

Je l'avois promise à un certain Mondor qui est absent.

M. FADEL.

Voyez!

M. GRICHARD.

Mais je vous préfere à lui.

M. FADEL.

Oui?

M. GRICHARD.

Il sera attrapé quand il viendra.

M. FADEL.

Ah! ah!

M. GRICHARD.

Pour moi, j'épouse votre parente Clarice.

M. FADEL.

Oui-dà!

M. GRICHARD.

Ouais! oh! oh! ah! ah! oui? voyez! oui-dà! N'avez-vous que cela à me dire?

CATAU.

Il vous répond fort juste.

M. FADEL.

Oh! oh!

M. GRICHARD, *à Catau*.

Oui; mais son style est bien laconique.

M. FADEL.

Là, là.

CATAU, *à M. Grichard*.

Il ne vous rompra pas la tête.

M. GRICHARD.

Un grand parleur est encore plus incommode.

CATAU.

J'en sais, monsieur, plus de quatre qui, sans oh! oh! oui! et ah! ah! n'auroient souvent rien à dire.

M. GRICHARD.

Il faut que je le mene à Hortense ; peut-être parlera-t-il devant elle.

M. FADEL.

Oh! oh!

M. GRICHARD.

Venez donc.

CATAU, *à M. Fadel.*

Allez voir votre maîtresse, monsieur oh! oh!... (*M. Grichard et M. Fadel entrent chez Hortense.*)

CATAU, *seule.*

A quel imbécille veut-on donner une fille comme elle? Je l'empêcherai bien.

SCENE VI.

TERIGNAN, ARISTE, CATAU; LOLIVE,
dans le fond.

ARISTE, *à Catau.*

Où est mon frere ?

CATAU.

Il vient d'entrer dans la chambre d'Hortense avec

monsieur Fadel; ils n'auront pas longue conversation ensemble.

LOLIVE, *dans le fond.*

Puis-je entrer?

CATAU.

Oui; mais dépêche-toi.

LOLIVE, *approchant.*

Clarice sera ici dans un moment.

CATAU.

Tant mieux.

LOLIVE, *à Catau, en regardant si M. Grichard ne vient point.*

J'ai trouvé Brillon.

CATAU.

Hé bien?

LOLIVE, *montrant Ariste.*

Je l'ai mené chez monsieur.

CATAU.

Tu as bien fait.

LOLIVE.

Il n'en sortira pas sans ton ordre.

CATAU.

C'est assez. Clarice t'a instruit de ce que tu as à faire?

LOLIVE.

Oui.

CATAU.

Va te préparer à jouer ton rôle.

LOLIVE.

J'y vais.

CATAU.

Je ne crois pas que monsieur Grichard connoisse trop ton visage?

LOLIVE.

Lui? depuis deux jours que je le sers, il ne m'a jamais regardé en face; il ne connoît personne.

CATAU.

Va vîte, qu'il ne te rencontre ici. (*Lolive sort.*)

SCENE VII.

ARISTE, TERIGNAN, HORTENSE, CATAU.

HORTENSE, *à Catau*.

Ah! je respire. Monsieur Fadel est sorti, et mon pere est entré dans son cabinet, fort triste de la fuite de Brillon.

CATAU.

Il ne le reverra qu'à bonnes enseignes.

TÉRIGNAN.

Comment?

CATAU.

Vous le saurez quand il sera temps.

SCENE VIII.

M. GRICHARD, *dans le fond*, HORTENSE, TERIGNAN, ARISTE, CATAU.

HORTENSE, *à Catau, apercevant M. Grichard.*
Ah! voilà mon pere: il aura peut-être entendu ce que nous venons de dire?

CATAU.
Lui? eh! ne savez-vous pas que lorsque sa gronderie se change en ce noir chagrin où le voilà plongé, il ne voit ni n'entend personne? Je gagerois qu'il ne s'est pas seulement aperçu que nous soyons ici.

ARISTE, *à Térignan.*
Il faudroit le préparer à la visite de Clarice. Abordez-le, mon neveu. (*chacun, à mesure qu'il parle, s'éloigne de M. Grichard, qui est toujours au fond du théâtre.*)

TÉRIGNAN.
Je n'oserois.

ARISTE, à *Hortense.*
Vous, Hortense?

HORTENSE.
Je tremble.

ARISTE, *à Catau.*
Toi donc, Catau?

CATAU.
La peste!

ARISTE.

Mais d'où lui peut venir cette sombre mélancolie ?

CATAU.

Il y a une heure qu'il n'a grondé personne.

M. GRICHARD, *à part, se promenant en colere.*

C'est une chose étrange! je ne trouve personne avec qui je puisse m'entretenir un seul moment sans être obligé de me mettre en colere! Je suis bon pere, mes enfans me désesperent; bon maître, mes domestiques ne songent qu'à me chagriner; bon voisin, leurs chiens se déchaînent contre moi; jusqu'à mes malades, témoin celui d'aujourd'hui, vous diriez qu'ils meurent exprès pour me faire enrager !

ARISTE, *à part.*

Il faut que je l'aborde... (*à M. Grichard.*) Mon frere, je suis votre serviteur.

M. GRICHARD.

Serviteur.

ARISTE.

D'où vient que vous êtes triste ?

M. GRICHARD.

Je ne sais.

HORTENSE.

Mais qu'avez-vous, mon pere ?

M. GRICHARD.

Rien.

CATAU.

Vous trouvez-vous mal, monsieur ?

M. GRICHARD.

Non.

TÉRIGNAN.

Ne peut-on savoir...

M. GRICHARD.

Tais-toi.

CATAU.

Voulez-vous, monsieur...

M. GRICHARD.

Qu'on me laisse.

CATAU.

Voici qui vous réjouira, monsieur. Je viens de voir entrer Clarice.

M. GRICHARD.

Clarice!... Qu'on se retire et vîte... (*à Hortense.*) Allons, vous aussi. Vous m'échauffez la bile avec vos airs posés. (*Térignan, Hortense, et Catau sortent.*)

SCENE IX.

M. GRICHARD, ARISTE.

M. GRICHARD.

Pour vous, si vous prétendez me venir donner les sots conseils de tantôt, vous ferez mieux d'aller voir chez vous si l'on vous demande.

ARISTE.

Non, mon frere; puisque vous voulez absolument vous marier, et que Clarice vous plaît, à la bonne heure!

M. GRICHARD.

Vous allez voir quelle différence il y a d'elle à vos goguenardes de femmes qui ne songent qu'à la bagatelle.

ARISTE.

Je le veux croire.

M. GRICHARD.

J'ai besoin d'une personne comme elle.

ARISTE.

Il faut vous satisfaire.

M. GRICHARD.

Je ne puis pas suffire, moi seul, à tenir en crainte une famille, et à pourvoir aux affaires du dehors.

ARISTE.

Sans doute.

M. GRICHARD.

Tandis que je tiendrai, moi, ceux du logis dans le devoir, elle ira à la ville gronder le marchand, le boucher, le cordonnier, l'épicier; et malheur à qui nous fera quelque frasque!... Mais la voici : vous allez voir.

SCENE X.

M. GRICHARD, ARISTE, CLARICE.

CLARICE, *à M. Grichard.*

Vous me voyez, monsieur, dans un si grand excès de joie que je ne puis vous l'exprimer!

ACTE II, SCENE X.

M. GRICHARD.

Comment donc! d'où vous vient cette joie si déréglée?

CLARICE.

Mon pere vient de m'accorder tout ce que je lui ai demandé.

M. GRICHARD.

Et que lui avez-vous demandé?

CLARICE.

Tout ce qui pouvoit me faire plaisir.

M. GRICHARD.

Mais encore?

CLARICE.

Il m'a rendue maîtresse de tous nos apprêts de noces.

M. GRICHARD.

Quels apprêts faut-il donc tant pour...

CLARICE.

Comment, monsieur, quels apprêts? les habits, le festin, les violons, les hautbois, les mascarades, les concerts, et le bal sur-tout, que je veux avoir tous les soirs pendant quinze jours.

M. GRICHARD.

Comment diable!

CLARICE, *lui montrant sa robe.*

Vous voyez cet habit; c'est le moindre de douze que je me suis fait faire. J'en ai commandé autant pour vous.

M. GRICHARD.

Pour moi?

CLARICE.

Oui; mais il n'y en a encore que deux de faits, qu'on vous apportera ce soir.

M. GRICHARD.

A moi?

CLARICE.

Oui, monsieur. Croyez-vous que je puisse vous souffrir comme vous êtes? il semble que vous portiez le deuil des malades qui meurent entre vos mains.

M. GRICHARD, *à part.*

Elle est folle.

CLARICE.

Il faut quitter cet équipage lugubre, et prendre un habit plus gai.

M. GRICHARD.

Un habit plus gai à un médecin?

CLARICE.

Sans doute. Puisque nous nous marions ensemble, il faut se mettre du bel air. Serez-vous le premier médecin qui porterez un habit de cavalier?

M. GRICHARD, *à part.*

Elle extravague.

CLARICE.

Pour le festin nous avons deux tables de trente couverts. Je viens d'ordonner moi-même en quel endroit de la salle je veux qu'on place les violons et les hautbois.

M. GRICHARD.

Mais songez-vous...

ACTE II, SCENE X.

CLARICE.

J'ai préparé une mascarade charmante.

M. GRICHARD.

A la fin...

CLARICE.

Quand nous aurons dansé une bonne heure, nous sortirons tous deux du bal sans rien dire, et nous nous déguiserons, moi en Vénus, et vous en Adonis.

M. GRICHARD, *à part*.

Je perds patience.

CLARICE.

Que nous allons danser! C'est ma folie que la danse... Au moins j'ai déja retenu quatre laquais qui jouent parfaitement bien du violon.

M. GRICHARD.

Quatre laquais!

CLARICE.

Oui, monsieur, deux pour vous, et deux pour moi. Quand nous serons mariés je veux que vous ayez le bal chez nous tous les jours de la vie, et que notre maison soit le rendez-vous de toutes les personnes qui aimeront un peu le plaisir.

SCENE XI.

M. GRICHARD, ARISTE, CLARICE, ROSINE.

ROSINE, *à Clarice*.

Madame, tous vos habits de masque sont au logis; venez les voir au plus vîte; ils sont les plus jolis du monde.

M. GRICHARD, *à Clarice.*

N'est-ce pas là cette coquine que vous chassâtes hier?

CLARICE.

Oui, monsieur.

M. GRICHARD.

Et vous l'avez reprise?

CLARICE.

Je ne puis m'en passer; elle est de la meilleure humeur du monde : elle chante ou danse toujours.

ARISTE.

Eh! madame, qu'on est mal servi des personnes de ce caractere!

CLARICE.

Je le crois; mais j'aime mieux être plus mal servie et avoir des domestiques toujours gais. Je tiens que les gens qui sont auprès de nous, nous communiquent, malgré que nous en ayons, leur joie ou leur tristesse; et je n'aime point le chagrin.

M. GRICHARD, *à part.*

Ah! quelqu'un l'a ensorcelée depuis hier!

ROSINE, *à Clarice.*

Venez donc, madame; on vous attend avec impatience.

CLARICE, *à M. Grichard.*

Adieu, monsieur... Je meurs d'envie de voir vos habits et les miens, et j'ai laissé au logis M. Canary qui m'attend. (*Elle sort.*)

SCENE XII.

M. GRICHARD, ARISTE, ROSINE.

M. GRICHARD, *à Rosine.*
Qui est-ce ce monsieur Canary?
ROSINE.
Son maître à chanter. Ma foi, monsieur, vous allez avoir la perle des femmes! La plupart aiment à gronder les domestiques, et à chagriner leurs maris : pour celle-là, oh! je vous réponds qu'il fera bon avec elle. Que tout aille de travers dans un ménage, elle ne s'émeut de rien : c'est la meilleure des femmes. Tenez, monsieur, depuis cinq ans que je la sers, je ne l'ai vue qu'hier en colere.
M. GRICHARD.
Mais, dis-moi, son pere ne seroit-il pas cause?...
ROSINE.
Monsieur, je vous demande pardon : il faut que j'essaie aussi mon habit de masque. (*Elle sort.*)

SCENE XIII.

M. GRICHARD, ARISTE.

(*Ils sont quelque temps à se regarder sans se parler.*)

ARISTE.
Mon frere, eh bien?

M. GRICHARD, *à part.*

Je tombe des nues!

ARISTE.

Voilà cette femme que vous me vantiez tant?

M. GRICHARD, *à part.*

Il y a ici quelque mystere.

ARISTE, *à part.*

Se douteroit-il qu'on le joue?

M. GRICHARD, *à part.*

Je soupçonne d'où vient ceci.

ARISTE.

Vous croyez peut-être que la joie qu'elle a de se marier...

M. GRICHARD.

Savez-vous bien, monsieur mon frere, que vous avez le don de raisonner toujours de travers?

ARISTE.

Moi?

M. GRICHARD.

Oui, vous. C'est M. de Saint-Alvar qui fait faire à Clarice toutes ces folies. Ces gentilshommeaux de province aiment les fêtes; et il me souvient d'avoir ouï dire à ce vieux rocantin qu'il vouloit danser aux noces de sa fille.

ARISTE.

Quoi! vous croyez...

M. GRICHARD.

Et je vais de ce pas laver la tête comme il faut à ce vieux fou. (*Il sort.*)

SCENE XIV.

CATAU, ARISTE.

CATAU.

Où va-t-il donc?

ARISTE.

Trouver le pere de Clarice. Il s'est allé mettre dans l'esprit que tout ce qu'on lui a dit ici ne venoit point d'elle.

CATAU.

Laissez-le aller. Monsieur de Saint-Alvar nous tient la main.

ARISTE.

Nous aurons de la peine à le faire renoncer à Clarice.

CATAU.

J'ai plus d'une corde à mon arc : il ne tiendra pas contre le tour que je vais lui faire jouer. Je vous l'ai dit : notre grondeur sera bientôt de retour ; il ne trouvera personne où il est allé : il n'a que la rue à traverser. Cachez-vous dans le coin de cette chambre ; écoutez ce qui se passera ici ; et quand vous jugerez que la chose aura été poussée assez loin, venez à son secours.

ARISTE.

Mais ne disois-tu pas que tu voulois qu'il n'y eût personne au logis?

CATAU.

J'ai fait retirer Hortense et Térignan, et votre frere

a chassé aujourd'hui tous ses domestiques... Mais le voici déjà; allez vite vous cacher. (*Ariste se cache.*)

SCENE XV.

M. GRICHARD, CATAU, *et peu après* JASMIN.

CATAU.

Eh bien! monsieur, vous venez de chez monsieur de Saint-Alvar?

M. GRICHARD.

Je ne l'ai pas trouvé chez lui.

CATAU.

On dit qu'il y aura grand bal ce soir.

M. GRICHARD.

Je sais qu'on a promis douze pistoles aux violons; porte-leur-en vingt-quatre, et qu'ils n'aillent point ce soir...

CATAU.

Eh! monsieur, cela sera inutile; si Clarice a envie de les avoir elle leur en donnera cinquante, et cent, s'il les faut. Je connois les femmes du monde : elles n'épargnent rien pour se satisfaire; et la facilité avec laquelle la plupart jettent l'argent fait soupçonner, malgré qu'on en ait, qu'il ne leur coûte pas beaucoup.

M. GRICHARD.

Mais je sais, coquine! que ce n'est point Clarice...

ACTE II, SCENE XV.

JASMIN, *à M. Grichard.*

Monsieur, un monsieur vous demande.

CATAU, *à part.*

Bon! voici mon homme.

M. GRICHARD, *à Jasmin.*

Qui est-ce?

JASMIN.

Il dit qu'il s'appelle monsieur Ri... Ri... Attendez, monsieur, je vais encore le lui demander.

M. GRICHARD, *le prenant par les oreilles.*

Viens çà, fripon!

JASMIN, *criant.*

Ahi! ahi! ahi!

CATAU.

Eh! monsieur, vous lui avez arraché les cheveux; vous êtes cause qu'il a pris la perruque : vous lui arracherez les oreilles; et on n'en a pas pour de l'argent.

M. GRICHARD, *à Jasmin.*

Je te l'apprendrai... C'est sans doute monsieur Rigaut, mon notaire; je sais ce que c'est : fais-le entrer. (*Jasmin sort.*)

M. GRICHARD, *à part.*

Ne pouvoit-il pas prendre une autre heure pour m'apporter de l'argent? Peste soit des importuns!

SCENE XVI.

M. GRICHARD, CATAU, LOLIVE, *en maître à danser*, LE PRÉVÔT *de danse.*

M. GRICHARD, *à part.*

Ouais! ce n'est point là mon homme. (*à Lolive qui lui fait plusieurs révérences.*) Qui êtes-vous avec vos révérences?

LOLIVE.

Monsieur, on m'appelle Rigodon, à vous rendre mes très humbles services.

M. GRICHARD, *à Catau.*

N'ai-je point vu ce visage quelque part?

CATAU.

Il y a mille gens qui se ressemblent.

M. GRICHARD.

Eh bien! monsieur Rigodon, que voulez-vous ?

LOLIVE, *lui donnant une lettre pliée en poulet.*

Vous donner cette lettre de la part de mademoiselle Clarice.

M. GRICHARD, *prenant la lettre.*

Donnez... Je voudrois bien savoir qui a appris à Clarice à plier ainsi une lettre : voilà une belle figure de lettre, un beau colifichet!... Voyons ce qu'elle chante.

CATAU, *à part.*

Jamais peut-être amant ne s'est plaint de pareille chose!

ACTE II, SCENE XVI.

M. GRICHARD, *lisant.*

« Tout le monde dit que je me marie avec le plus
« bourru de tous les hommes : je veux désabuser les
« gens; et, pour cet effet, il faut que ce soir vous et
« moi nous commencions le bal. » (*interrompant sa
lecture.*) Elle est folle.

LOLIVE.

Continuez, monsieur, je vous prie.

M. GRICHARD, *lisant.*

« Vous m'avez dit que vous ne saviez pas danser;
« mais je vous envoie le premier homme du
« monde... »

LOLIVE, *à M. Grichard qui le regarde depuis les
pieds jusqu'à la tête.*

Ah! monsieur!

M. GRICHARD, *lisant.*

« Qui vous en montrera en moins d'une heure autant qu'il en faut pour vous tirer d'affaire ». (*interrompant encore sa lecture.*) Que j'apprenne à danser!

LOLIVE.

Achevez, s'il vous plaît.

M. GRICHARD, *achevant de lire.*

« Et, si vous m'aimez, vous apprendrez de lui la
« bourrée. CLARICE. » (*à part, après avoir lu.*) La
bourrée!... moi, la bourrée! (*à Lolive avec colere.*)
Monsieur le premier homme du monde, savez-vous
bien que vous risquez beaucoup ici?

LOLIVE.

Allons, monsieur; dans un quart-d'heure vous la
danserez à miracle!

M. GRICHARD, *redoublant sa colere.*

M. Rigodon, je vous ferai jeter par les fenêtres si j'appelle mes domestiques.

CATAU, *bas, à M. Grichard.*

Il ne falloit pas les chasser.

LOLIVE, *à M. Grichard, en faisant signe au Prévôt de jouer du violon.*

Allons, gai! Ce petit prélude vous mettra en humeur... Faut-il vous tenir par la main, ou si vous avez quelques principes?

M. GRICHARD, *montrant le violon.*

Si vous ne faites enfermer ce maudit violon, je vous arracherai les yeux!

LOLIVE.

Parbleu! monsieur, puisque vous le prenez sur ce ton-là, vous danserez tout-à-l'heure!

M. GRICHARD.

Je danserai, traître?

LOLIVE.

Oui, morbleu! vous danserez! J'ai ordre de Clarice de vous faire danser; elle m'a payé pour cela; et, ventrebleu! vous danserez! (*au Prévôt.*) Empêche, toi, qu'il ne sorte. (*il tire son épée qu'il met sous son bras.*)

M. GRICHARD, *à part.*

Ah! je suis mort... Quel enragé d'homme m'a envoyé cette folle!

CATAU, *plaçant M. Grichard à un coin du théâtre.*

Je vois bien qu'il faut que je m'en mêle. Tenez-vous là, monsieur... laissez-moi lui parler. (*à Lolive.*) Monsieur, faites-nous la grace d'aller dire à M. de Saint-Alvar...

LOLIVE.

Ce n'est pas lui qui nous a fait venir ici. (*montrant M. Grichard.*) Je veux qu'il danse.

M. GRICHARD, *à part.*

Ah! le bourreau! le bourreau!

CATAU, *à Lolive.*

Considérez, s'il vous plaît, que monsieur est un homme grave.

LOLIVE.

Je veux qu'il danse.

CATAU.

Un fameux médecin.

LOLIVE.

Je veux qu'il danse.

CATAU.

Vous pourriez devenir malade et en avoir besoin.

M. GRICHARD, *tirant Catau à lui.*

Oui; dis-lui que quand il voudra, sans qu'il lui en coûte rien, je le ferai saigner et purger tout son saoul. (*Catau va auprès de Lolive.*)

LOLIVE.

Je n'en ai que faire... Je veux qu'il danse, ou, morbleu!...

M. GRICHARD, *à part.*

Le bourreau!

CATAU, *à M. Grichard, revenant auprès de lui.*

Monsieur, il n'y a rien à faire : cet enragé n'entend point raison. Il arrivera ici quelque malheur; nous sommes seuls au logis.

M. GRICHARD.

Il est vrai.

CATAU, *lui montrant Lolive.*

Regardez un peu ce drôle-là, il a méchante physionomie.

M. GRICHARD, *le regardant de côté.*

Oui, il a les yeux hagards.

LOLIVE.

Se dépêchera-t-on?

M. GRICHARD.

Au secours! voisins, au secours!

CATAU.

Bon, au secours! Eh! ne savez-vous pas que tous vos voisins vous verroient voler et égorger avec plaisir? Croyez-moi, monsieur, deux pas de bourrée vous sauveront peut-être la vie.

M. GRICHARD.

Mais si on le sait je passerai pour fou.

CATAU.

L'amour excuse toutes les folies; et j'ai ouï dire à M. Mamurra que, lorsque Hercule étoit amoureux, il fila pour la reine Omphale.

M. GRICHARD.

Oui, Hercule fila; mais Hercule ne dansa pas la bourrée; et, de toutes les danses, c'est celle que je hais le plus.

ACTE II, SCENE XVI.

CATAU.

Eh bien! il faut le dire; monsieur vous en montrera une autre.

LOLIVE, *à M. Grichard.*

Oui-dà, monsieur. Voulez-vous les menuets?

M. GRICHARD.

Les menuets?... Non.

LOLIVE.

La gavotte?

M. GRICHARD.

La gavotte?... Non.

LOLIVE.

Le passe-pied?

M. GRICHARD.

Le passe-pied?... Non.

LOLIVE.

Eh! quoi donc? tracanas, tricotets, rigodons? en voilà à choisir.

M. GRICHARD.

Non, non, non : je ne vois rien là qui m'accommode.

LOLIVE.

Vous voulez peut-être une danse grave et sérieuse?

M. GRICHARD.

Oui, sérieuse, s'il en est.. mais bien sérieuse.

LOLIVE.

Eh bien! la courante, la bocane, la sarabande?

M. GRICHARD.

Non, non, non.

LOLIVE.

Oh! que diantre voulez-vous donc? Demandez vous-même; mais hâtez-vous, ou, par la mort!...

M. GRICHARD.

Allons, puisqu'il le faut, j'apprendrai quelques pas de la... la...

LOLIVE.

Quoi! de la... la?...

M. GRICHARD.

Je ne sais.

LOLIVE.

Vous vous moquez de moi, monsieur! vous danserez la bourrée, puisque Clarice le veut; ou tout-à-l'heure, ventrebleu!...

(*Lolive fait danser M. Grichard.*)

SCENE XVII.

ARISTE, M. GRICHARD, LOLIVE, CATAU.

M. GRICHARD.

Ouf!

ARISTE.

Qu'est ceci?

M. GRICHARD.

C'est que...

ARISTE.

Que vois-je?

M. GRICHARD.

Cet insolent vouloit...

ARISTE.
Mon frere apprendre à danser!
M. GRICHARD.
Je vous dis que ce maraud...
ARISTE.
A votre âge!
M. GRICHARD.
Mais quand on vous dit...
ARISTE.
On se moqueroit de vous.
M. GRICHARD.
Ah! voici l'autre!
ARISTE.
Je ne le souffrirai point.
M. GRICHARD.
Oh! de par tous les diables, écoutez-moi donc, jaseur éternel, piailleur infatigable! Je vous dis que c'est ce coquin qui me veut faire danser par force.
ARISTE.
Par force?
M. GRICHARD, *avec chagrin.*
Eh! oui, par force!
CATAU, *à Ariste.*
Oui, monsieur, la bourrée.
ARISTE, *à Lolive.*
Et qui vous a fait si hardi, monsieur, que de venir céans?
LOLIVE.
Monsieur... monsieur, j'y viens de bonne part, et je m'en vais dire à mademoiselle Clarice comment

on y reçoit les gens qu'elle envoie. (*il sort avec le Prévôt.*)

M. GRICHARD, *à part.*

Oh! je n'y puis plus tenir! il faut que j'aille chercher ce vieux fou de monsieur de Saint-Alvar, chanter pouille à Clarice, à son pere, et à tous ceux que je trouverai chez lui. (*il sort.*)

CATAU.

Le voilà parti... Que dites-vous de Lolive?

ARISTE.

C'est un fort joli garçon!... Oh! pour le coup, je crois mon frere désabusé de Clarice.

CATAU.

Ce n'est pas tout, il faut le ramener à son premier dessein, et c'est à quoi nous devons aller travailler sans perdre un instant.

FIN DU SECOND ACTE.

ACTE III.

SCENE PREMIERE.

LOLIVE, CATAU.

CATAU.

Que viens-tu chercher ici ? pourquoi n'as-tu pas pris ton autre équipage ? Si monsieur Grichard revenoit...

LOLIVE.

Il lui reste encore Clarice et Fadel à quereller.

CATAU.

Il peut te surprendre et te reconnoître.

LOLIVE.

Bon ! reconnoître ; tu ne saurois croire la vertu qu'ont les beaux habits pour changer les gens comme nous. Se mêler de pirouetter, et porter un habit doré, j'en connois plus de quatre à qui il n'en faut pas davantage pour ne se connoître pas eux-mêmes.

CATAU.

Qu'as-tu donc à me dire ?

LOLIVE.

Bien des choses sur ce que tu veux que je fasse.

CATAU.

Dis-les donc vîte.

LOLIVE.

Puisque Mondor est arrivé, qu'il se serve de ses gens.

CATAU.

Il n'a amené avec lui que ce valet-de-chambre dont nous avons déja fait l'aumônier, que nous avons envoyé à monsieur Grichard. Il n'y a que toi qui puisse achever ce que tu as commencé.

LOLIVE.

Je ne saurois.

CATAU.

Poltron !

LOLIVE.

Considere tout ce que tu me fais entreprendre dans une journée. Brillon sert à tes desseins, tu me le fais enlever; tu crains que Mamurra ne parle, tu me le fais tenir enfermé; tu me fais faire une peur terrible à un fort honnête médecin, qui est pour en avoir la fievre.

CATAU.

Qu'il se la guérisse !

LOLIVE.

Et tu veux que je lui donne encore une plus chaude alarme ?

CATAU.

Te voilà bien malade! N'as-tu pas été bien payé de ta leçon de danse ?

ACTE III, SCENE I.

LOLIVE.

Il est vrai.

CATAU.

Ne le seras-tu pas au double de cette seconde expédition ?

LOLIVE.

Je le crois.

CATAU.

Et n'as-tu pas le plaisir de te venger d'un homme qui t'a mis dehors sans sujet ?

LOLIVE.

Non, ma réputation m'est chere.

CATAU.

Oh ! garde-la ; on ne prétend pas te l'ôter ; mais compte que, si tu ne fais pas ce que tu as promis à Mondor, tu dois être assuré de mille coups de bâton.

LOLIVE.

Mais si je le fais, et que M. Grichard me découvre, crois-tu qu'il m'épargne ?

CATAU.

En ce cas, tu risquerois peut-être quelques bagatelles ; mais de ce côté-là, les coups sont incertains, et très sûrs du côté de Mondor, aussi bien que les cinquante pistoles qu'il t'a promises si tu le sers.

LOLIVE.

Ceci mérite un peu de réflexion.... Oui, je vois que de toutes parts je risque le bâton : me voilà dans un grand embarras ; quel parti prendre ? Battu peut-être du côté de M. Grichard ; rossé à coup sûr du côté de Mondor ; criminel à ne pas faire ce que je lui ai promis ; criminel à le faire,

Des *bâtons* aujourd'hui je n'ai plus que le choix.

CATAU.

Tu es dans le fait.

LOLIVE.

Eh bien ! il n'y a plus à hésiter : coups de bâton pour coups de bâton, il faut se déterminer en faveur de ceux qui seront accompagnés d'un lénitif de cinquante pistoles... Mais qui m'en sera caution?

CATAU.

Qui? Mondor, qui donneroit toutes choses pour ne pas perdre ce qu'il aime; Térignan, Hortense, Clarice, Ariste. Es-tu content ?

LOLIVE.

Non.

CATAU.

Encore!

LOLIVE.

Non, te dis-je; donne-moi une caution que je puisse prendre au corps.

CATAU.

Eh bien! moi.

LOLIVE.

Toi ?

CATAU.

Moi.

LOLIVE.

Je le veux.

ACTE III, SCENE I.

CATAU.

Va donc te préparer. (*Lolive sort.*)

CATAU.

Enfin voilà notre affaire en bon train; et si nos amans sont heureux, ils m'en auront toute l'obligation. (*apercevant M. Fadel.*) Mais que vois-je? ce sot de Fadel viendroit-il mettre quelque obstacle à nos desseins? Il ne m'incommodera pas long-temps si ses questions ne sont pas plus longues que mes réponses.

SCENE II.

M. FADEL, CATAU.

M. FADEL.

Je cherche votre monsieur Grichard.

CATAU.

Vous?

M. FADEL.

Il a passé chez moi.

CATAU.

Lui?

M. FADEL.

Mais il ne m'y a pas trouvé.

CATAU.

Non?

M. FADEL.

Il me fait un beau tour aujourd'hui.

CATAU.

Oui?

M. FADEL.

Il ne veut plus me donner Hortense.

CATAU.

Ouais !

M. FADEL.

Et moi, je viens lui dire que je ne m'en soucie guere.

CATAU.

Voyez !

M. FADEL.

Je ferai une meilleure alliance.

CATAU.

Oui-dà ?

M. FADEL.

J'attends bien après sa fille !

CATAU.

Bon !

M. FADEL.

Croit-il avoir affaire à un sot ?

CATAU.

Oh ! oh!

M. FADEL.

Je lui ferai bien voir que je ne le suis pas.

CATAU.

Ah! ah!

M. FADEL.

Ne manquez pas de le lui dire, au moins.

CATAU.

Non.

M. FADEL.

Je me moque de lui.

CATAU.

Oui.

M. FADEL.

Et il s'en repentira.

CATAU.

Ah! ah! (*M. Fadel sort.*)

CATAU, *seule*.

Me voilà délivrée de cet importun, dieu merci! Allons avertir ma maîtresse de l'arrivée de Mondor. (*l'apercevant.*) Mais le voici lui-même.

SCENE III.

MONDOR, CATAU.

CATAU.

O ciel! quelle imprudence! Ne pouviez-vous pas attendre Hortense chez Clarice? Que venez-vous faire ici?

MONDOR.

Il y a une heure que je n'entends plus parler de toi. Où est cette grande ardeur que tu m'as fait voir à mon arrivée? Je ne vois ni ta maîtresse, ni toi, ni l'homme que tu devois m'envoyer.

CATAU.

Il est chez Clarice à l'heure que je vous parle, et Hortense y sera bientôt. Je vais l'avertir; retournez-vous-en vîte l'y attendre.

MONDOR.

Mais te dépêcheras-tu ?

CATAU.

Eh! allez, vous dis-je.

MONDOR.

Hâte-toi, donc.

CATAU.

Eh! hâtez-vous vous-même.

MONDOR.

Si tu savois que les momens me durent!

CATAU.

Si vous saviez que vous me pesez!

MONDOR.

Viens, au moins, bientôt.

CATAU.

Eh! commencez par vous en aller. Mort de ma vie! que les gens sont sots quand ils sont amoureux! Cela seroit capable de refroidir l'inclination que j'ai de leur rendre service. Hors d'ici, vous dis-je! (*apercevant M. Grichard.*) Mais peste soit de vous! voici monsieur Grichard. Il nous a vus ensemble; nous ne pouvons l'éviter. Que ferons-nous ?... Attendez : par bonheur il ne vous connoît point; consultez-le sur la premiere chose qui vous viendra en tête. Il vous expédiera bientôt, et vous viendrez me retrouver. En tout cas je vous enverrai Ariste pour vous dégager.

MONDOR.

Laisse-moi faire, je vais lui tenir des discours qui me feront bientôt chasser.

SCENE IV.

M. GRICHARD, MONDOR, CATAU.

M. GRICHARD, *à Catau.*
Qui est cet homme-là ? encore un maître à danser ?
CATAU.
Que dites-vous là ? prenez garde qu'il ne vous entende. Diable ! c'est un homme de la premiere condition, qui sur quelque maladie extraordinaire veut avoir vos ordonnances.
M. GRICHARD.
Qu'il se dépêche. (*Catau sort.*)

SCENE V.

M. GRICHARD, MONDOR.

M. GRICHARD.
Que demandez-vous ? de quel mal vous plaignez-vous ? vous avez un visage de santé.
MONDOR.
Aussi, monsieur, ne suis je pas malade.
M. GRICHARD.
Que voulez-vous donc ? le devenir ?
MONDOR.
Non, monsieur.
M. GRICHARD.
Dites-moi donc au plutôt ce que vous voulez.

LE GRONDEUR.

MONDOR.

Je sais, monsieur, que vous êtes un très habile homme.

M. GRICHARD.

Point de panégyrique.

MONDOR.

Je crois que vous n'ignorez aucun des secrets...

M. GRICHARD.

J'ignore celui de me délivrer des importuns... Eh bien ! aux secrets ?

MONDOR.

Vous n'avez pas de temps à perdre ?

M. GRICHARD.

En voilà de perdu.

MONDOR.

Je n'ai à vous dire qu'un mot.

M. GRICHARD.

Eh ! en voilà plus de cent !

MONDOR.

J'ai ouï dire qu'il y a des secrets pour se faire aimer, qu'on donne certains breuvages, certains filtres...

M. GRICHARD.

Comment diable ! pour qui me prenez-vous ?

MONDOR.

Pour un très savant et très honnête homme.

M. GRICHARD.

Et vous me demandez des secrets pour vous faire aimer ?

ACTE III, SCENE V.

MONDOR.

Eh! non, monsieur; graces à Dieu, la nature n'y a pourvu que de reste.

M. GRICHARD, *à part*.

Ah! voici un fat.

MONDOR.

Il y a trois ou quatre femmes qui m'incommodent à force d'être entêtées de moi; j'aime ailleurs à la rage. Il y a des secrets pour se faire aimer; apprenez-m'en quelqu'un, je vous prie, pour me rendre indifférent...

M. GRICHARD.

A ces femmes qui vous aiment à la folie?

MONDOR.

Oui, monsieur.

M. GRICHARD.

Prenez...

MONDOR.

Fort bien!

M. GRICHARD.

Deux ou trois fois seulement...

MONDOR.

J'entends.

M. GRICHARD.

Aussi mal votre temps avec elles que vous le prenez avec moi, elles vous haïront plus que tous les diables. Adieu.

MONDOR.

Bon! (*il sort.*)

M. GRICHARD.

Il m'avoit bien trouvé en état d'écouter ses balivernes! Je suis au désespoir de la fuite de Brillon.

SCENE VI.

ARISTE, M. GRICHARD.

M. GRICHARD.

Eh bien, m'apportez-vous des nouvelles de ce petit pendard?

ARISTE.

Catau l'est allé chercher. Mais vous ne partirez pas demain?

M. GRICHARD.

A la pointe du jour.

ARISTE.

Ce sera donc après avoir donné ordre à l'affaire de monsieur de Saint-Alvar?

M. GRICHARD.

L'ordre est tout donné.

ARISTE.

Comment donc?

M. GRICHARD.

Je n'en veux plus entendre parler.

ARISTE.

Je vous admire, mon frere. Hier vous vouliez donner Térignan à Clarice, et Hortense à Mondor; ce matin vous vouliez épouser Clarice, et donner votre fille à M. Fadel, et ce soir vous ne voulez faire ni l'un ni l'autre?

M. GRICHARD.
Non, non, non, de par tous les diables! non!
ARISTE.
Voilà cependant trois fois, de bon compte, que vous changez de sentiment dans un jour.
M. GRICHARD.
J'en veux changer trente s'il me plaît; et, afin qu'on ne m'en vienne plus rompre la tête, je suis bien aise de m'être engagé en votre présence à partir demain matin, pour aller voir à la campagne ce seigneur malade qui m'a fait l'honneur de m'envoyer son aumônier.
ARISTE.
Mais au moins, avant que de partir, vous devriez prendre quelque ajustement avec M. de Saint-Alvar.
M. GRICHARD.
Je n'en ferai rien.
ARISTE.
Il a de puissans amis.
M. GRICHARD.
Je m'en moque.
ARISTE.
Vous lui avez donné votre parole.
M. GRICHARD.
Qu'il la garde.
ARISTE.
Il vient de vous dire à vous-même qu'il savoit le moyen de vous la faire tenir.
M. GRICHARD.
Je l'en défie.

ARISTE.

Il s'est mis en frais pour ces mariages.

M. GRICHARD.

Pourquoi s'y mettoit-il?

SCENE VII.

M. GRICHARD, ARISTE; CATAU,
écoutant dans le fond.

ARISTE, *à M. Grichard.*

Vous serez condamné à de grands dommages et intérêts.

M. GRICHARD.

Oh! vous ne les paierez pas pour moi.

ARISTE.

Non ; mais...

M. GRICHARD.

Après ce que j'ai vu de Clarice, quand il m'en devroit coûter tout mon bien, et que toute la terre s'en mêleroit, j'aimerois mieux être pendu, roué, grillé, que d'épouser cette créature!

CATAU, *s'approchant.*

Ah! monsieur!

M. GRICHARD.

Qu'est-ce ?

CATAU.

Brillon s'est enrôlé.

M. GRICHARD.

Enrôlé?

ACTE III, SCENE VII.

CATAU.

Oui, monsieur, enrôlé pour aller à la guerre!

M. GRICHARD.

A la guerre?

ARISTE, *à Catau.*

On s'est moqué de toi.

CATAU.

Monsieur, j'ai parlé moi-même au sergent et au capitaine.

M. GRICHARD.

Le fripon!

ARISTE.

Quel malheur!

CATAU.

Oui, monsieur.

M. GRICHARD.

Mais ce capitaine est un enragé; il se fera casser d'enrôler des garçons de quinze ans : on veut aujourd'hui de grands soldats.

CATAU.

C'est ce que je lui ai dit. Il m'a répondu que cela étoit bon pour ceux qui vont en Flandre, en Piémont, ou en Allemagne; mais que pour lui il lui étoit permis d'enrôler de jeunes garçons.

M. GRICHARD.

De jeunes garçons? le traître!

CATAU.

Oui, monsieur, il a ordre, à ce qu'il dit, de les mener si loin, si loin, qu'avant qu'ils y soient arrivés ils auront tous de la barbe.

M. GRICHARD.

Comment diantre! et où les mène-t-il?

CATAU, *lui donnant une carte.*

Tenez, monsieur, de peur de l'oublier, je me le suis fait écrire sur cette carte ; voyez.

M. GRICHARD, *lisant.*

A... à Madagascar... Brillon à Madagascar!

CATAU.

Ils disent, monsieur, que ce n'est pas loin de l'autre monde.

ARISTE.

C'est sans doute, mon frere, pour cette colonie dont vous avez ouï parler? Voilà un garçon perdu!

CATAU, *à M. Grichard.*

Hélas! monsieur, je viens de voir ce pauvre enfant; on l'a déja habillé de verd avec un bonnet à la dragonne; (*en riant.*) et... et on lui a fait apprendre à jouer du tambour... Tenez, monsieur, cela fait rire et pleurer.

M. GRICHARD.

Et où loge ce maudit capitaine, que je lui aille laver la tête?

CATAU.

Il ne loge point, il campe toujours.

M. GRICHARD.

Viens, mene-moi où tu l'as vu; il faut que j'aille trouver ce Turc, et que...

CATAU.

Gardez-vous-en bien !

ACTE III, SCENE VII.

M. GRICHARD.

Comment ? coquine !

CATAU.

Eh bien ! monsieur, vous pouvez y aller ; mais je vous avertis au moins de faire votre testament, et de prendre congé de vos malades.

M. GRICHARD.

Qu'est-ce à dire ?

CATAU.

C'est-à-dire, monsieur, que ce capitaine cherche par-tout des médecins pour les mener en ce pays-là.

ARISTE, *à M. Grichard.*

Des médecins ? gardez-vous bien d'y aller.

M. GRICHARD.

Voici pour moi un jour bien malencontreux !... C'est le seul de mes enfans qui promet quelque chose !

CATAU.

Il est vrai qu'il vous ressemble déja comme deux gouttes d'eau.

M. GRICHARD.

Il faut que tu y retournes avec de l'argent, et que...

CATAU.

Monsieur, ils m'enrôleront ; le sergent me vouloit prendre, moi, si je ne me fusse promptement sauvée. Il dit qu'ils ont ordre d'y mener aussi des filles.

M. GRICHARD.

Tubleu ! voilà de terribles enrôleurs !

CATAU.

Vous moquez-vous ? Monsieur Mamurra a voulu

y aller pour chercher Brillon : à son langage on l'a pris pour un médecin; (vous savez qu'il parle comme un fou?) d'abord il a été coffré. Je ne l'ai pas vu; mais je l'ai entendu hurler dans une chambre, où il jure en latin comme un possédé. Cependant ils partent demain matin.

ARISTE.

Il faut y envoyer quelqu'un en diligence.

M. GRICHARD.

Mais qui diantre pourrons-nous trouver qui soit à l'abri d'enrôlement?

CATAU, *bas, montrant Ariste.*

Eh! priez monsieur que voilà.

M. GRICHARD.

Qui, lui?

CATAU, *bas.*

Eh! vraiment oui, lui; il ne risque rien : on n'a que faire d'avocats en ce pays-là.

M. GRICHARD.

On s'en passeroit bien en celui-ci. (*à Ariste.*) Allez-y donc, et à quelque prix que ce soit...

ARISTE.

Je n'épargnerai rien assurément, et je vous ramenerai Brillon, ou j'y perdrai mon latin.

M. GRICHARD.

Vous ne perdriez pas grand'chose.

CATAU, *à Ariste.*

Monsieur, vous pourriez encore trouver ce capitaine chez son oncle.

ACTE III, SCENE VII.

ARISTE.

Son oncle?

CATAU.

Monsieur de Saint-Alvar.

M. GRICHARD.

Quoi! ce capitaine est donc ce neveu dont il nous a si souvent parlé?

CATAU.

Oui, monsieur; et il devoit aller prendre congé de lui : je crois qu'il y est à présent.

ARISTE, *à M. Grichard.*

J'y cours pour ne le pas manquer; il n'y a qu'un pas d'ici : dans un moment je vous rends réponse.

(*Il sort.*)

SCENE VIII.

M. GRICHARD, CATAU.

CATAU.

Je crains bien, monsieur, qu'on ne veuille pas lui rendre votre fils.

M. GRICHARD.

Pourquoi non, coquine?

CATAU.

Ce capitaine fait litiere d'argent : c'est un marquis de vingt mille livres de rente; il a un équipage de prince, et ses gens m'ont dit que le roi lui a donné le gouvernement de Madagascar.

M. GRICHARD, *à part.*

Il faut que tous les diables soient déchaînés aujourd'hui contre moi!

CATAU, *à part.*

Pas tous encore. (*à M. Grichard.*) Que je plains ce pauvre enfant!

M. GRICHARD.

Morbleu! si ce seigneur malade que je dois aller voir demain étoit à Paris, je ferois bien voir à ce capitaine... (*voyant entrer Lolive.*) Mais que cherche ici ce soldat?

SCENE IX.

M. GRICHARD, CATAU; LOLIVE, *en soldat, avec une hallebarde.*

CATAU, *à M. Grichard.*

Ah! monsieur, c'est le sergent de ce capitaine.

M. GRICHARD.

Peut-être il me vient rendre Brillon.

LOLIVE.

Brillon? non.

M. GRICHARD, *à part, en tremblant.*

Oh! oh! c'est ce coquin de maître à danser.

CATAU, *après s'être approchée de Lolive, et revenant à M. Grichard.*

Monsieur, c'est lui-même; je ne l'avois pas d'abord reconnu.

LOLIVE, *à M. Grichard.*

Oui, monsieur... Depuis que je n'ai eu l'honneur

de vous voir, on m'a offert une hallebarde. Je ne suis plus Rigodon ; je suis à présent M. de la Motte, à vous servir.

M. GRICHARD, *à part.*

La peste te creve !

LOLIVE.

Je viens vous prier, monsieur, de n'avoir aucune rancune de l'affaire de tantôt.

M. GRICHARD, *à part.*

Le diable t'emporte !

LOLIVE.

Si vous avez quelque chose sur le cœur pourtant...

M. GRICHARD.

Monsieur Rigodon, ou monsieur de la Motte, comme il vous plaira, sortez vîte d'ici, et laissez-moi en repos.

LOLIVE.

J'y viens aussi, monsieur, pour vous avertir de la part de mon capitaine de ne vous pas faire attendre demain matin.

M. GRICHARD.

Qu'est-ce à dire ?

LOLIVE.

C'est-à-dire, monsieur, que vous soyez prêt pour partir à quatre heures.

M. GRICHARD.

Qui, moi ?

LOLIVE.

Vous-même, monsieur.

CATAU.

Vous le prenez pour un autre, monsieur.

LOLIVE.

Non, ma belle enfant, non; n'est-il pas M. Grichard? (*à M. Grichard.*) Vous irez, monsieur, d'ici à Brest dans le carrosse de mon capitaine, et là vous vous embarquerez en bonne compagnie.

M. GRICHARD.

Quel galimatias me faites-vous là?

LOLIVE.

Galimatias, monsieur? N'avez-vous pas promis de partir demain matin à l'homme que mon capitaine a envoyé ici tout-à-l'heure?

CATAU.

Vous équivoquez, monsieur; monsieur n'a promis de partir demain matin qu'à un aumônier.

LOLIVE.

Justement, voilà l'affaire; c'est l'aumônier de notre régiment.

M. GRICHARD, *à part.*

Ah! je suis perdu!

CATAU, *à Lolive.*

Mais c'est pour aller voir un seigneur malade à la campagne, que monsieur a promis de partir.

LOLIVE.

Eh bien! voilà ce que c'est aussi. Cette campagne, c'est Madagascar, bon pays! et ce seigneur malade, c'est le vice-roi de l'isle, brave homme!

M. GRICHARD, *à part.*

Ah! qu'ai-je fait? qu'ai-je fait?

LOLIVE.

Vous serez, morbleu! son premier médecin ; je vous en donne ma parole.

CATAU, *à M. Grichard.*

Quoi! monsieur, vous irez aussi a Madagascar?

M. GRICHARD, *à part.*

J'enrage!

LOLIVE.

Assurément, monsieur ira : il en a donné sa parole par écrit ; et mon capitaine le fera bien marcher.

M. GRICHARD, *avec fureur.*

Oh! je n'en puis plus. Va-t'en dire, scélérat! à ton aumônier, à ton capitaine, à ton vice-roi, et à tous les Madagascariens, qu'ils ne se jouent pas à la colere d'un médecin.

LOLIVE.

Monsieur, monsieur, vous êtes homme d'honneur ; et, puisque vous vous y êtes engagé, vous irez!

M. GRICHARD.

Oui, traître! j'irai tout-à-l'heure faire assembler la faculté!

LOLIVE.

Et moi, le régiment : nous verrons qui l'emportera.

M. GRICHARD.

Ceci intéresse tous mes confreres.

LOLIVE.

Eh! monsieur, si vous pouviez en emmener quelques-uns avec vous, le beau coup! il n'en resteroit encore que trop pour Paris!

SCENE X.

M. GRICHARD, ARISTE, LOLIVE, CATAU.

ARISTE, *à M. Grichard.*

On ne veut point absolument vous rendre votre fils.

CATAU.

Il y a bien d'autres affaires !

ARISTE.

Comment ?

CATAU, *montrant M. Grichard.*

Voilà monsieur qui va aussi à Madagascar.

ARISTE.

Mon frere ?

CATAU.

Il s'y est engagé : on l'a surpris ; vous y étiez présent. Cet aumônier...

ARISTE.

Ah ! je vois ce que c'est... Quelle trahison !

LOLIVE.

Vous moquez-vous, monsieur ? Il fera fortune en ce pays-là : on n'y est pas encore désabusé des médecins.

M. GRICHARD, *à part.*

Le bourreau !

LOLIVE.

C'est le plus beau séjour du monde pour les gens de sa profession.

ACTE III, SCENE X.

M. GRICHARD, *à part.*

Le traître!

LOLIVE.

C'est de là que viennent toutes les drogues spécifiques.

M. GRICHARD, *à part.*

L'infâme!

LOLIVE.

Quel plaisir pour un médecin de se voir à la source de la casse, du séné et de la rhubarbe!

M. GRICHARD, *en fureur.*

Il faut que j'étrangle ce scélérat!

LOLIVE, *lui présentant la hallebarde.*

Halte la!... Adieu, monsieur. Si vous n'êtes chez mon capitaine demain matin à quatre heures, vous aurez ici, à cinq, trente soldats logés à discrétion. Serviteur, jusqu'au revoir. (*il sort.*)

CATAU.

Je soupçonne, monsieur, quelque chose, dont il faut que j'aille m'éclaircir. Il y a quelque trahison.

(*Elle sort.*)

SCENE XI.

ARISTE, M. GRICHARD.

ARISTE.

Voilà, mon frere, ce que vous coûte votre gronderie : le soufflet que vous avez donné à Brillon est cause de tout. Le petit fripon s'est allé enrôler, et a donné lieu à la piece qu'on vous a faite; vous aurez de la peine à vous en tirer. Je vous l'ai dit mille fois, votre mauvaise humeur vous attire toujours...

M. GRICHARD.

Ah! courage! Il est question de chercher des expédiens pour qu'on ne nous mene pas, Brillon et moi, à Madagascar, et la démangeaison de moraliser vous prend!

ARISTE.

Pour moi, je ne vois pas quels expédiens employer où l'argent est inutile : aux maux sans remede, le plus court est de prendre patience. Cependant la prudence veut...

M. GRICHARD.

Ah! quel homme! Savez-vous bien, monsieur mon frere, que j'aimerois mieux aller mille fois à Madagascar, à Siam, et au Monomotapa, que d'entendre moraliser si hors de saison? Voilà-t-il pas ce qu'on vous reprochoit l'autre jour à l'audience? Vous jasâtes une heure sur les anciens Babyloniens, et il étoit question au procès d'une chevre volée... J'enrage quand je vois...

SCENE XII.

M. GRICHARD, ARISTE, TERIGNAN.

TÉRIGNAN.

Mon pere, je sais le tour qu'on vous a joué; j'ai découvert d'où cela vient, et je viens vous dire qu'il

ACTE III, SCENE XII.

ne tiendra qu'à vous de ne point aller à Madagascar, et de ravoir mon frere, sans qu'il vous en coûte rien.

M. GRICHARD.

Comment ?

TÉRIGNAN.

M. de Saint-Alvar est cause de tout.

ARISTE.

M. de Saint-Alvar ?

TÉRIGNAN.

Lui-même. Par malheur, il est proche parent de ce capitaine...

M. GRICHARD.

Je sais qu'il est son oncle : acheve.

TÉRIGNAN.

Eh bien ! il s'est allé plaindre à son neveu que vous lui avez manqué de parole, et que c'est le plus sensible affront que l'on puisse faire à un gentilhomme.

M. GRICHARD.

Le maudit vieillard !

ARISTE.

Il avoit bien dit qu'il savoit le moyen de se venger.

TÉRIGNAN.

Ce capitaine a juré qu'il vous emmeneroit, vous et mon frere, si vous n'épousiez Clarice.

M. GRICHARD.

Moi, que j'épouse cette baladine? j'aimerois autant épouser l'opéra.

TÉRIGNAN.

Je vais donc lui dire qu'il n'y a rien à faire?

ARISTE.

Attendez, mon neveu. Prenons ici un expédient pour contenter tout le monde. Il doit leur être indifférent qui de vous deux épouse Clarice?

TÉRIGNAN.

Ah! mon oncle; je vous entends; n'en dites pas davantage. Vous savez bien que je suis engagé à Nérine?

M. GRICHARD.

Nérine, pendard! la fille d'un médecin qui n'est jamais de mon avis?

TÉRIGNAN, *à Ariste.*

Mon oncle, je vous supplie. (*à M. Grichard.*) Mon pere, je vous conjure...

M. GRICHARD.

Tais-toi, maraud! Dusses-tu enrager, tu épouseras Clarice, s'il ne faut que cela pour nous tirer d'affaires.

TÉRIGNAN.

Oh! j'aime mieux aller aussi à Madagascar.

M. GRICHARD.

Tu n'iras point à Madagascar, et tu l'épouseras.

SCENE XIII.

M. GRICHARD, ARISTE, TERIGNAN, CATAU.

CATAU, *à M. Grichard.*
Monsieur, je vous prie de me donner mon congé.
M. GRICHARD.
Pourquoi ton congé?
CATAU.
Je ne veux plus servir une extravagante.
M. GRICHARD.
Que t'a-t-elle fait?
CATAU, *montrant Ariste.*
Est-ce que monsieur ne vous en a rien dit?
ARISTE.
Ma niece m'a prié de n'en point parler.
CATAU.
Refuser un parti si avantageux, et qui nous mettroit tous hors d'embarras!
M. GRICHARD.
Quel parti?
CATAU.
Comment, monsieur, ce neveu de M. de Saint-Alvar, ce marquis de vingt mille livres de rente, ce gouverneur de Madagascar, a chargé monsieur (*montrant Ariste.*) de vous demander Hortense en mariage.

ARISTE.

Il est vrai, mon frere; mais elle a quelque secrete aversion pour lui.

CATAU, *à M. Grichard.*

Aversion pour un homme de vingt mille livres de rente, et qui est fait à peindre! Vous l'avez vu, monsieur.

M. GRICHARD.

Qui, moi? et quand?

CATAU.

Tout-à-l'heure. C'est cet homme de condition qui est venu vous consulter.

M. GRICHARD.

Qui, ce grand flandrin? Il est encore plus sot que Fadel; mais il n'est que trop bon pour Hortense.

ARISTE.

C'est un homme, après tout, que nous ne connoissons pas bien ; et je trouve que ma niece a raison.

M. GRICHARD.

Et moi, je trouve que votre niece est une sotte.

CATAU.

Assurément, monsieur. Je sais bien d'où vient son aversion; elle est affollée de son Mondor, qui ne viendra peut-être jamais.

M. GRICHARD.

La coquine!.. Je vois ce que c'est : ils sont tous d'intelligence contre moi et Brillon ; ils voudroient déja nous savoir bien loin... Ah! parbleu! je ne serai pas leur dupe!... Allons, allons, Catau.

ACTE III, SCENE XIII.

CATAU.

Que vous plaît-il, monsieur?

M. GRICHARD.

Fais venir Hortense, et va dire à M. de Saint-Alvar, à Clarice et à ce Marquis de se rendre ici tout-à-l'heure.

CATAU.

J'y cours : vous les aurez dans un moment.

(*elle sort.*)

M. GRICHARD, *à Térignan, qui fait semblant de vouloir fuir.*

Oh! ne songe pas, toi, à nous échapper. Demeure là, entre ton oncle et moi, que je te voie; et songe que si tu ne fais les choses de bonne grace, je te... Oh! oh!

TÉRIGNAN.

Mon pere...

M. GRICHARD.

Attends-toi que je te donne à ta Nérine!

TÉRIGNAN.

Vous avez beau faire, vous ne me ferez jamais épouser Clarice par force.

M. GRICHARD.

De force ou de gré, tu l'épouseras.

SCENE XIV.

M. GRICHARD, ARISTE, TERIGNAN, HORTENSE, M. RIGAUT, CATAU.

CATAU, *à M. Grichard.*

M. de Saint-Alvar consent à tout; vous aurez ici les autres dans un moment.

M. GRICHARD.

Ah! tu as fait venir M. Rigaut?

CATAU, *le lui montrant.*

J'ai cru que vous en auriez besoin.

M. GRICHARD, *à M. Rigaut.*

Allons, monsieur le notaire, deux contrats : je marie Térignan avec Clarice.

M. RIGAUT.

Monsieur, ledit contrat est dressé depuis hier : il n'y aura qu'à signer quand les parties contractantes seront ici.

TÉRIGNAN, *à M. Grichard.*

Mais, mon pere, épousez Clarice, je vous en conjure.

HORTENSE, *à M. Grichard.*

Oui, mon pere, épousez-la, je vous en supplie, et ne me donnez point à ce Marquis.

M. GRICHARD.

Ah! parbleu! voici qui est drôle! je veux marier mes enfans, et mes enfans me veulent marier, moi.

M. RIGAUT.

Monsieur, en pareil cas, nous avons accoutumé de

préférer la volonté des peres à celle des enfans ; c'est notre style.

M. GRICHARD.

Je le crois bien, vraiment! ce style est bon. Allons, monsieur, afin que tout soit prêt quand les autres viendront, je marie aussi Hortense à monsieur le marquis de... de...

CATAU.

Attendez, monsieur, je sais son nom et ses qualités ; je vais les lui dicter. (*bas.*) Ne vous rendez pas au moins. (*dictant à M. Rigaut.*) Marquis de Tissac...

M. RIGAUT, *écrivant.*

Sac...

CATAU.

Gouverneur pour le roi de l'isle de Madagascar.

M. RIGAUT.

Car...

M. GRICHARD, *à Hortense.*

Entends-tu, impertinente? Vois ce que tu refuses!

HORTENSE.

Quoi! mon pere, épouserai-je un homme qui me menera au bout du monde?

CATAU.

Allez, mademoiselle, je connois des femmes qui font bien voir plus de pays à leurs époux !... Mais les contrats sont dressés, et voici nos gens qui arrivent tout à propos.

SCENE XV.

M. GRICHARD, ARISTE, MONDOR, TERIGNAN, CLARICE, HORTENSE, MAMURRA, BRILLON, M. RIGAUT, CATAU.

MONDOR, *à M. Grichard, lui présentant Brillon.*
Monsieur, sur la parole qui m'a été donnée de votre part, voilà votre fils que je vous ramene avec plaisir.

M. GRICHARD.

Vous m'avez pourtant traité... Mais laissons cela, nous en dirons deux mots quelque jour... Et mon écrit?

MONDOR.

Je vous le rendrai quand vous aurez signé les deux contrats.

M. GRICHARD.

Signons donc.

MAMURRA.

Monsieur...

M. GRICHARD.

Oh! va-t-en à Madagascar, toi.

BRILLON.

Mon pere, laissez-moi aller, je vous prie, avec le Marquis.

M. GRICHARD.

Paix, fripon!... Ne perdons point de temps; il est

ACTE III, SCENE XV.

tard. (*à M. Rigaut.*) Donnez, que je signe. (*il signe.*)
TÉRIGNAN.
Mon pere, je vous déclare au moins...
M. GRICHARD.
Signe seulement. (*Térignan signe.*)
HORTENSE.
Je ne veux pas aller...
M. GRICHARD.
Dépêche-toi!... Ah! ah! je vous ferai bien voir que je suis le maître! (*Hortense signe, et Clarice aussi.*)
M. RIGAUT, *présentant la plume à Mondor.*
Il ne reste à signer que monsieur Mondor.
MONDOR, *après avoir signé.*
Voilà qui est fait.
M. GRICHARD.
Mondor! qu'est-ce à dire?
CATAU.
Oui, monsieur, voilà Mondor. C'est lui qui par mon ordre vous avoit enrôlés, vous et Brillon. C'est moi qui l'avois fait marquis et gouverneur de Madagascar. Il renonce à cette heure au marquisat et au gouvernement; il a tout ce qu'il souhaite.
M. GRICHARD.
Ah! peste maudite! je t'étranglerai! (*à Hortense.*) Et toi, scélérate! c'est donc ainsi...
CATAU.
Monsieur, elle n'a fait que suivre votre volonté. Vous la voulûtes hier donner à Mondor, vous la lui donnez aujourd'hui; de quoi vous plaignez-vous?

MONDOR, *à M. Grichard.*

Monsieur, l'honneur de votre alliance, l'amour...

M. GRICHARD.

Tarare! l'honneur, l'amour... (*à part.*) Ah! j'enrage! je creve! Me voilà vendu, trompé, trahi, assassiné de tous côtés... (*à M. Rigaut.*) Mais tu seras pendu, faussaire exécrable!

M. RIGAUT.

Ma foi! monsieur, vous ne ferez pendre personne; ces deux contrats sont dans mon registre par votre ordre depuis hier, vous les signez aujourd'hui.

ARISTE, *riant, à M. Grichard.*

Mon frere, si vous étiez d'une autre humeur, nous aurions pris d'autres mesures.

M. GRICHARD, *s'en allant.*

Morbleu! il en coûtera la vie à plus de quatre!

CATAU.

De ses malades, peut-être... Mais allons nous réjouir, et que le Grondeur se pende s'il veut.

FIN DU GRONDEUR.

EXAMEN
DU GRONDEUR.

Dans la notice sur Brueys, nous avons dit les raisons qui le déciderent à laisser Palaprat s'attribuer quelques-unes de ses pieces. Il paroît cependant que lorsque la comédie du Grondeur, d'abord reçue froidement par le public, eut obtenu un succès décidé, Brueys vit avec peine l'opinion où l'on étoit que Palaprat l'avoit composée; opinion que ce dernier ne manquoit pas d'appuyer par la maniere dont il recevoit les complimens qu'on lui adressoit sur cet ouvrage. Les hommes les plus sages ne pratiquent pas toujours les principes qu'ils ont adoptés, sur-tout lorsque leur amour-propre s'y trouve opposé: c'est ce qui arriva à Brueys; il eut un peu d'humeur, et chercha à rétablir les faits dans une lettre adressée à Palaprat, et qui fut rendue publique : « Une tendresse de « pere s'est réveillée, dit-il, et je n'ai pu m'empêcher de « publier une vérité qui vous est connue et à tout Paris; « c'est en un mot que le Grondeur, le Muet, l'Impor- « tant et les Empyriques sont véritablement mes enfans; « que vous avez bien voulu prendre soin de leur éduca- « tion, les produire dans le monde, les enrichir même « de vos biens, et me faire l'honneur de les adopter. »

On voit que la conception de toutes ces pieces appartenoit à Brueys, qui, retiré alors à Montpellier, ne pouvoit faire auprès des comédiens les démarches nécessaires: Palaprat se chargeoit de ce soin, et prenoit sur lui d'exécuter les corrections que les acteurs demandoient. Le dernier acte du Grondeur éprouva ainsi beaucoup d'altérations : on sait qu'il est le plus défectueux de l'ouvrage.

Le commencement de la piece est sur le ton de l'ancienne et bonne comédie : le caractere de M. Grichard est parfaitement annoncé, et se développe ensuite d'une maniere très comique. L'auteur, nourri de la lecture de Moliere, a imité une conception savante de l'Avare : dans cette piece, Harpagon se trouve obligé à faire des dépenses extraordinaires; il veut donner une fête, et tous les détails dans lesquels il entre à cette occasion font ressortir son caractere; dans le Grondeur, toute la famille de M. Grichard s'est entendue pour ne pas le contrarier; son fils et sa fille veulent obtenir qu'il consente à leur mariage; c'est un jour où l'on va éprouver ce que peuvent sur lui la soumission et la douceur. « Quoi qu'il fasse « aujourd'hui, dit Hortense, nous avons résolu de le « contenter. » Le Grondeur n'en déploie que mieux toute l'âcreté de son caractere.

L'auteur auroit pu opposer à M. Grichard un complaisant dont la patience imperturbable auroit mis hors de toute mesure le personnage principal. A l'exemple de Moliere, Brueys ne force pas le contraste; Ariste, frere de M. Grichard, est un homme doux et raisonnable qui ne tranche pas trop fortement avec lui.

Le second acte est inférieur au premier; la scene du maître de danse est tout-à-fait invraisemblable : on ne peut se figurer que M. Grichard ne reconnoisse pas un valet qu'il vient de renvoyer. La ruse dont se sert Clarice pour ne pas épouser le Grondeur est ingénieuse et comique; elle affecte des défauts qu'elle n'a pas, et met à une rude épreuve la patience de M. Grichard : ce moyen a été employé par Destouches dans la Fausse Aguès avec beaucoup moins de goût et de naturel. Le troisieme acte du Grondeur est, comme nous l'avons dit, le plus défectueux ; la scene du recruteur passe toutes les bornes de la vraisemblance dramatique ; le comique dégénere en farce, et l'on ne peut se prêter à l'espece d'embarras dans lequel se trouve M. Grichard. On seroit porté à croire que cette scene est de Palaprat : on n'y reconnoît pas cette finesse de tact et d'observation qui distingue Brueys.

Malgré ce défaut capital, le Grondeur est resté au théâtre ; le comique vrai qui domine dans les deux premiers actes a fait excuser l'absurdité et l'invraisemblance du dénouement.

FIN DE L'EXAMEN DU GRONDEUR.

L'AVOCAT PATELIN,

COMÉDIE

EN TROIS ACTES ET EN PROSE,

DE BRUEYS,

Représentée, pour la premiere fois, le 4 juin 1706.

PRÉFACE.

J'ai tiré le sujet de cette comédie d'une ancienne piece comique intitulée *Les tromperies, finesses, et subtilités de maître Pierre Patelin, avocat à Paris;* imprimée à Rouen, chez Jacques Cailloué en 1656, sur la copie de l'an 1560.

Voici ce que dit de cette piece Pasquier dans ses *Recherches sur la France*, chapitre 55, livre 7. « Ne vous souvient-il point de la réponse que fit « Virgile à ceux qui lui impropéroient l'étude qu'il « employoit en la lecture d'Ennius, quand il leur dit « qu'en ce faisant il avoit appris à tirer l'or d'un fu-« mier ? Le semblable m'est arrivé naguere aux « champs, où étant, destitué de compagnie, j'ai « trouvé sans y penser la farce de *maître Pierre* « *Patelin*, que je lus et relus avec tel contentement, « que j'oppose maintenant cet échantillon à toutes « les comédies grecques, latines, et italiennes ». Puis, après avoir donné le sujet de cette piece, et en avoir rapporté quelques uns des meilleurs endroits, il continue ainsi : « Ne pensez pas que, par une opi-« nion particuliere, je sois le seul auquel ait plu ce « petit ouvrage ; car au contraire nos ancêtres trou-« verent ce maître Pierre Patelin avoir si bien repré-« senté le personnage pour lequel il étoit introduit, « qu'ils mirent en usage ce mot *Patelin* pour signifier

« celui qui par beaux semblans enjauloit, et de lui
« firent uns *Patelineur* et *Patelinage* pour même
« sujet. Et quand il advient qu'en communs devis
« quelqu'un extravague de son premier propos, celui
« qui le veut remettre sur ses premieres brisées lui
« dit : *Revenez à vos moutons*, et autres prover-
« bes que nous avons puisés de la fontaine de Pa-
« telin. »

« Davantage (dit-il dans le même chapitre) je re-
« cueille quelques anciennetés qui ne doivent pas
« être négligées ; car quand vous voyez le drapier
« vendre ses six aunes de drap neuf francs, et qu'à
« l'instant même il dit que ce sont six écus, il faut né-
« cessairement conclure qu'en ce temps-là l'écu ne
« valoit que trente sols. Mais comme accorderons-
« nous les passages en ce que en tous les endroits où
« il est parlé du prix de chaque aune, il n'est parlé
« que de vingt-quatre sols ; ce qui n'est pas somme
« suffisante pour faire revenir les six aunes à neuf
« francs, ains à sept livres quatre sols seulement ?
« C'est encore une autre ancienneté digne d'être con-
« sidérée, qui nous enseigne qu'en la ville de Paris,
« où cette farce fut faite, et par aventure représentée
« sur l'échaffaut, quand on parloit du sol simple-
« ment, on l'entendoit *parisi*, quinze deniers tour-
« nois (car ainsi étoit-il de notre ville de Paris), et
« à tant que les vingt-quatre sols faisoient les trente
« sols tournois. »

PRÉFACE.

L'estime que Pasquier fait de cette comédie est ce qui me l'a fait faire, ou, pour mieux dire, ce qui me l'a fait travailler, et mettre dans le langage d'aujourd'hui. Je ne suis pas cependant tout-à-fait de l'avis de Pasquier, mais il est vrai que cette piece est un fumier dont on peut tirer de l'or. Je ne sais pas si je l'ai fait; mais je sais bien que je me suis extrêmement diverti en y travaillant. J'en ai conservé autant que j'ai pu les jeux de théâtre que j'y ai trouvés, en les plaçant dans une seule action qu'il m'a fallu inventer, afin de garder à-peu-près les regles qu'on observe aujourd'hui, et qu'on ne connoissoit guere en France au temps où cette piece fut faite; ce qui m'a obligé à y ajouter les personnages de Valere, d'Henriette, et de Colette, et à en changer entièrement l'économie et le dénouement.

Cette comédie avoit été faite en l'année 1700, pour être représentée devant le roi par les principaux seigneurs de la cour, dans l'appartement de madame de Maintenon; mais la guerre qui survint à l'occasion de la mort du roi d'Espagne en empêcha l'exécution; et six ans après elle fut jouée sur le théâtre françois, sans prologue et sans intermedes, par les soins de Palaprat, comme les autres pieces de théâtre que j'avois composées en différens temps.

ACTEURS.

M. PATELIN, avocat.
MADAME PATELIN, sa femme.
HENRIETTE, leur fille.
M. GUILLAUME, drapier.
VALERE, fils de M. Guillaume, et amant d'Henriette.
COLETTE, servante de Patelin.
AGNELET, berger de Guillaume.
BARTOLIN, juge du village.
Un paysan.
Deux recors.

La scene est dans un village près de Paris.

L'AVOCAT PATELIN,

COMÉDIE.

ACTE PREMIER.

SCENE PREMIERE.

M. PATELIN.

Cela est résolu; il faut aujourd'hui même, quoique je n'aie pas le sou, que je me donne un habit neuf... Ma foi! on a bien raison de le dire, il vaudroit autant être ladre que d'être pauvre. Qui diantre, à me voir ainsi habillé, me prendroit pour un avocat? ne diroit-on pas plutôt que je serois un magister de ce bourg? Depuis quinze jours j'ai quitté le village où je demeurois pour venir m'établir en ce lieu-ci, croyant d'y faire mieux mes affaires... Elles vont de mal en pis. J'ai de ce côté-là pour voisin mon compere le juge du lieu; pas un pauvre petit procès : de cet autre côté, un riche marchand drapier; pas de quoi m'acheter un méchant habit... Ah! pauvre Patelin, pauvre Patelin! comment feras-tu pour contenter ta femme qui veut absolument que tu maries ta fille? Qui diantre voudra d'elle en te voyant ainsi déguenillé? Il te faut bien par force avoir recours à l'industrie... Oui, tâchons adroitement à nous procurer à crédit un bon habit de drap dans la boutique de M. Guillaume notre voisin. Si je puis une fois me donner l'extérieur d'un homme riche, tel qui refuse ma fille... Mais voilà ma femme et sa servante qui causent ensemble sur ma friperie : écoutons-les sans nous montrer. (*Il se cache dans un coin du théâtre.*)

SCENE II.

M. PATELIN, *caché*, MADAME PATELIN, COLETTE.

MADAME PATELIN, *à Colette.*

Oh! çà, Colette, je n'ai point voulu te parler au logis de peur que mon gueux de mari ne nous écoutât.

M. PATELIN, *à part.*

L'y voilà.

MADAME PATELIN, *à Colette.*

Je veux que tu me dises où ma fille peut avoir de quoi aller si proprement qu'elle va.

COLETTE.

Eh! c'est, madame, que monsieur votre époux lui donne...

MADAME PATELIN.

Mon époux! il n'a pas de quoi se vêtir lui-même.

ACTE I, SCENE II.

M. PATELIN, *à part*.

Il est vrai.

MADAME PATELIN, *à Colette*.

Je te chasserai, et tu ne te marieras point avec Agnelet ton fiancé, si tu ne me dis la chose comme elle est.

COLETTE.

Peste! madame, il faut vous la dire. Valere, le fils unique de monsieur Guillaume, ce riche marchand drapier qui demeure là, est amoureux de mademoiselle Henriette, et il lui fait des présens de temps en temps.

M. PATELIN, *à part*.

Ma fille puise donc dans la boutique où j'ai dessein d'aller?

MADAME PATELIN, *à Colette*.

Mais où prend Valere de quoi faire ces présens? son pere est un riche brutal qui ne lui donne rien.

COLETTE.

Oh! madame, quand les peres ne donnent rien aux enfans, les enfans les volent; cela est dans l'ordre: et Valere fait comme les autres; c'est la regle.

MADAME PATELIN.

Mais que ne fait-il demander ma fille en mariage?

COLETTE.

Il l'auroit fait aussi; mais il craint que son pere n'y veuille pas consentir, à cause, ne vous déplaise, que notre monsieur va toujours mal vêtu: cela fait mal juger de ses affaires.

M. PATELIN, *à part.*

C'est à quoi je vais donner ordre.

MADAME PATELIN, *à Colette.*

J'entends quelqu'un; retire-toi. (*Colette rentre.*)

SCENE III.

M. PATELIN, MADAME PATELIN.

MADAME PATELIN.

Ah! te voilà?

M. PATELIN.

Oui.

MADAME PATELIN.

Comme te voilà vêtu!

M. PATELIN.

C'est que... je... ne suis pas glorieux.

MADAME PATELIN.

C'est que tu es un gueux, et je viens d'apprendre que ta gueuserie rebute tous les partis qui se présentent pour notre fille.

M. PATELIN.

Vous avez raison; le monde juge des gens par les habits : j'avoue que ceux que je porte font tort à Henriette, et j'ai fait dessein de me mettre aujourd'hui un peu proprement.

MADAME PATELIN.

Toi, proprement! et avec quoi?

M. PATELIN, *voulant s'en aller.*

Ne t'en mets pas en peine. Adieu.

MADAME PATELIN, *l'arrêtant.*

Et où allez-vous, s'il vous plaît?

M. PATELIN.

Je vais m'acheter un habit de drap.

MADAME PATELIN.

Sans avoir un sou, acheter un habit?

M. PATELIN.

Oui. De quelle couleur me conseilles-tu de le prendre? gris de fer, ou gris de more?

MADAME PATELIN.

Eh! prends-le comme tu pourras, si tu trouves quelqu'un assez sot pour te le donner... Je vais parler à Henriette : je viens d'apprendre de certaines choses qui ne me plaisent guere.

M. PATELIN.

Si l'on me demande, je serai ici, à la boutique de notre voisin. (*Madame Patelin rentre.*)

SCENE IV.

M. PATELIN.

Elle n'est pas encore fermée... Je songe que je ne ferai pas mal d'aller mettre ma robe : outre qu'elle cachera ces guenilles, une robe donnera plus de poids à ce que je dois dire à monsieur Guillaume pour venir à bout de mon dessein... Le voilà avec son fils : allons nous mettre *in habitu*, et revenons promptement. (*Il rentre.*)

SCENE V.

M. GUILLAUME, *portant une piece de drap brun,* **VALERE.**

M. GUILLAUME, *à part, étalant sa piece de drap en dehors de sa boutique.*

On commence à ne voir guere clair dans la boutique : exposons ceci un peu plus à la vue des passans... Oh! çà, Valere, je t'avois dit de me chercher un berger pour garder le troupeau dont la laine sert à faire mes draps.

VALERE.

Est-ce, mon pere, que vous n'êtes pas content d'Agnelet?

M. GUILLAUME.

Non, car il me vole; et je te soupçonne d'y avoir part.

VALERE.

Moi?

M. GUILLAUME.

Oui, toi. J'ai su que tu es amoureux de je ne sais quelle fille d'ici près, et que tu lui fais des présens ; et je sais que cet Agnelet a fiancé une certaine Colette qui la sert : tout cela fait que je te soupçonne.

VALERE, *à part.*

Qui diantre nous a découverts? (*à M. Guillaume.*) Je vous assure, mon pere, qu'Agnelet nous sert très fidèlement.

ACTE I, SCENE V.

M. GUILLAUME.

Oui, toi; mais non pas moi : car, depuis un mois qu'il a quitté le fermier avec qui il demeuroit pour entrer à mon service, il me manque six vingt moutons ; et il n'est pas possible qu'en si peu de temps il en soit mort, comme il le dit, un si grand nombre de la clavelée.

VALERE.

Les maladies font quelquefois de grands ravages.

M. GUILLAUME.

Oui, avec des médecins; mais les moutons n'en ont pas. D'ailleurs cet Agnelet fait le nigaud ; mais c'est un niais, et le plus rusé coquin... Enfin je l'ai pris sur le fait, tuant de nuit un mouton; je l'ai battu, et je l'ai fait ajourner devant monsieur le juge. Cependant, avant que de pousser plus loin l'affaire, j'ai voulu savoir si tu n'avois point quelque part au vol qu'il m'a fait.

VALERE.

Ah! mon pere, j'ai trop de respect pour vos moutons.

M. GUILLAUME.

Je vais donc le poursuivre en justice... Mais je veux examiner un peu mieux la chose. Donne-moi mon livre de compte : approche cette chaise. (*Valere lui donne un livre et une chaise.*) C'est assez ; laisse-moi. Si un sergent, que j'ai envoyé quérir, me demande, fais-moi appeler. Je resterai encore un peu ici, en cas que quelque acheteur se présente.

VALERE, *à part.*

Allons dire à Agnelet qu'il vienne trouver mon pere pour s'accommoder avec lui. (*Il s'en va.*)

SCENE VI.

M. PATELIN, M. GUILLAUME.

M. PATELIN, *à part.*
Bon ! le voilà seul ; approchons.
M. GUILLAUME, *à part, feuilletant son livre.*
Compte du troupeau... etc... Six cents bêtes... etc.
M. PATELIN, *à part, lorgnant le drap.*
Voilà une piece de drap qui seroit bien mon affaire. (*à M. Guillaume.*) Serviteur, monsieur.
M. GUILLAUME, *sans le regarder.*
Est-ce le sergent que j'ai envoyé quérir ? Qu'il attende.
M. PATELIN.
Non, monsieur, je suis...
M. GUILLAUME, *en le regardant.*
Une robe !... Le procureur donc ?... Serviteur.
M. PATELIN.
Non, monsieur, j'ai l'honneur d'être avocat.
M. GUILLAUME.
Je n'ai pas besoin d'avocat : je suis votre serviteur.
M. PATELIN.
Mon nom, monsieur, ne vous est sans doute pas inconnu ? Je suis Patelin, l'avocat.
M. GUILLAUME.
Je ne vous connois point, monsieur.
M. PATELIN, *à part.*
Il faut se faire connoître. (*à M. Guillaume.*)

ACTE I, SCENE VI.

J'ai trouvé, monsieur, dans les mémoires de feu mon pere, une dette qui n'a pas été payée, et...

M. GUILLAUME.

Ce ne sont point mes affaires; je ne dois rien.

M. PATELIN.

Non, monsieur; c'est au contraire feu mon pere qui devoit au vôtre trois cents écus; et, comme je suis homme d'honneur, je viens vous payer.

M. GUILLAUME.

Me payer? Attendez, monsieur, s'il vous plaît... Je me remets un peu votre nom. Oui, je connois depuis long-temps votre famille : vous demeuriez au village ici près; nous nous sommes connus autrefois. Je vous demande excuse; je suis votre très humble et très obéissant serviteur. (*lui offrant sa chaise.*) Asseyez-vous là, je vous prie, asseyez-vous là.

M. PATELIN.

Monsieur!

M. GUILLAUME.

Monsieur!

M. PATELIN, *s'asseyant*.

Si tous ceux qui me doivent étoient aussi exacts que moi à payer leurs dettes, je serois beaucoup plus riche que je ne suis; mais je ne sais point retenir le bien d'autrui.

M. GUILLAUME.

C'est pourtant ce qu'aujourd'hui beaucoup de gens savent fort bien faire.

M. PATELIN.

Je tiens que la premiere qualité d'un honnête

homme est de bien payer ses dettes ; et je viens savoir quand vous serez en commodité de recevoir vos trois cents écus.

M. GUILLAUME.

Tout-à-l'heure.

M. PATELIN.

J'ai chez moi votre argent tout prêt et bien compté ; mais il faut vous donner le temps de faire dresser une quittance par-devant notaire : ce sont des charges d'une succession qui regarde ma fille Henriette, et j'en dois rendre un compte en forme.

M. GUILLAUME.

Cela est juste. Eh bien ! demain matin à cinq heures.

M. PATELIN.

A cinq heures, soit. J'ai peut-être mal pris mon temps, monsieur Guillaume ? Je crains de vous détourner.

M. GUILLAUME.

Point du tout; je ne suis que trop de loisir ! On ne vend rien.

M. PATELIN.

Vous faites pourtant plus d'affaires vous seul que tous les négocians de ce lieu.

M. GUILLAUME.

C'est que je travaille beaucoup.

M. PATELIN.

C'est que vous êtes, ma foi ! le plus habile homme de tout ce pays. (*examinant la piece de drap.*) Voilà un assez beau drap.

ACTE I, SCENE VI.

M. GUILLAUME.

Fort beau!

M. PATELIN.

Vous faites votre commerce avec une intelligence!

M. GUILLAUME.

Oh! monsieur!

M. PATELIN.

Avec une habileté merveilleuse!

M. GUILLAUME.

Oh! oh! monsieur!

M. PATELIN.

Des manieres nobles et franches qui gagnent le cœur de tout le monde!

M. GUILLAUME.

Oh! point, monsieur!

M. PATELIN.

Parbleu! la couleur de ce drap fait plaisir à la vue.

M. GUILLAUME.

Je le crois. C'est couleur de marron.

M. PATELIN.

De marron? que cela est beau! Gage, monsieur Guillaume, que vous avez imaginé cette couleur-là?

M. GUILLAUME.

Oui, oui, avec mon teinturier.

M. PATELIN.

Je l'ai toujours dit, il y a plus d'esprit dans cette tête-là que dans toutes celles du village.

M. GUILLAUME.

Ah! ah! ah!

M. PATELIN, *tâtant le drap*.

Cette laine me paroît assez bien conditionnée?

M. GUILLAUME.

C'est pure laine d'Angleterre.

M. PATELIN.

Je l'ai cru... A propos d'Angleterre, il me semble, monsieur Guillaume, que nous avons autrefois été à l'école ensemble?

M. GUILLAUME.

Chez monsieur Nicodême?

M. PATELIN.

Justement. Vous étiez beau comme l'amour.

M. GUILLAUME.

Je l'ai ouï dire à ma mere.

M. PATELIN.

Et vous appreniez tout ce qu'on vouloit.

M. GUILLAUME.

A dix-huit ans je savois lire et écrire.

M. PATELIN.

Quel dommage que vous ne vous soyez appliqué aux grandes choses! Savez-vous bien, monsieur Guillaume, que vous auriez gouverné un état?

M. GUILLAUME.

Comme un autre.

M. PATELIN.

Tenez, j'avois justement dans l'esprit une couleur de drap comme celle-là. Il me souvient que ma femme veut que je me fasse un habit. Je songe que demain matin à cinq heures, en portant vos trois cents écus, je prendrai peut-être de ce drap.

M. GUILLAUME.

Je vous le garderai.

M. PATELIN, *à part.*

Le garderai ! ce n'est pas là mon compte. (*à monsieur Guillaume.*) Pour racheter une rente, j'avois mis à part ce matin douze cents livres, où je ne voulois pas toucher ; mais je vois bien, monsieur Guillaume, que vous en aurez une partie.

M. GUILLAUME.

Ne laissez pas de racheter votre rente, vous aurez toujours de mon drap.

M. PATELIN.

Je le sais bien ; mais je n'aime point à prendre à crédit. Que je prends de plaisir à vous voir frais et gaillard ! Quel air de santé et de longue vie !

M. GUILLAUME.

Je me porte bien.

M. PATELIN.

Combien croyez-vous qu'il me faudra de ce drap, afin qu'avec vos trois cents écus je porte aussi de quoi le payer ?

M. GUILLAUME.

Il vous en faudra... Vous voulez sans doute l'habit complet ?

M. PATELIN.

Oui, très complet, justaucorps, culotte et veste, doublés de même ; et le tout bien long et bien large.

M. GUILLAUME.

Pour tout cela, il vous en faudra... oui... six aunes... Voulez-vous que je les coupe en attendant?

M. PATELIN.

En attendant... Non, monsieur, non, l'argent à la main, s'il vous plaît, l'argent à la main : c'est ma méthode.

M. GUILLAUME.

Elle est fort bonne. *(à part.)* Voici un homme très exact.

M. PATELIN.

Vous souvient-il, monsieur Guillaume, d'un jour que nous soupâmes ensemble à l'Ecu de France?

M. GUILLAUME.

Le jour qu'on fit la fête du village?

M. PATELIN.

Justement; nous raisonnâmes à la fin du repas sur les affaires du temps : que je vous ouïs dire de belles choses !

M. GUILLAUME.

Vous vous en souvenez?

M. PATELIN.

Si je m'en souviens! vous prédîtes dès lors tout ce que nous avons vu depuis dans Nostradamus.

M. GUILLAUME.

Je vois les choses de loin.

M. PATELIN.

Combien, monsieur Guillaume, me ferez-vous payer l'aune de ce drap?

ACTE I, SCÈNE VI.

M. GUILLAUME, *regardant la marque.*

Voyons... Un autre paieroit, ma foi! six écus; mais, allons.... je vous le baillerai à cinq écus.

M. PATELIN, *à part.*

Le Juif! (*à M. Guillaume.*) Cela est trop honnête. Six fois cinq écus, ce sera justement...

M. GUILLAUME.

Trente écus.

M. PATELIN.

Oui, trente écus; le compte est bon... Parbleu! pour renouveler connoissance, il faut que nous mangions demain à dîner une oie dont un plaideur m'a fait présent.

M. GUILLAUME.

Une oie! je les aime fort.

M. PATELIN.

Tant mieux! Touchez là; à demain à dîner. Ma femme les apprête à miracle!... Par ma foi! il me tarde qu'elle me voie sur le corps un habit de ce drap. Croyez-vous qu'en le prenant demain matin il soit fait à dîner?

M. GUILLAUME.

Si vous ne donnez du temps au tailleur, il vous le gâtera.

M. PATELIN.

Ce seroit grand dommage!

M. GUILLAUME.

Faites mieux. Vous avez, dites-vous, l'argent tout prêt?

M. PATELIN.

Sans cela je n'y songerois pas.

M. GUILLAUME.

Je vais vous le faire porter chez vous par un de mes garçons. Il me souvient qu'il y en a là de coupé justement ce qu'il vous en faut.

M. PATELIN, *prenant le drap.*

Cela est heureux.

M. GUILLAUME.

Attendez. Il faut auparavant que je l'aune en votre présence.

M. PATELIN.

Bon! est-ce que je ne me fie pas à vous?

M. GUILLAUME.

Donnez, donnez; je vais le faire porter, et vous m'enverrez par le retour...

M. PATELIN.

Le retour... Non, non, ne détournez pas vos gens: je n'ai que deux pas à faire d'ici chez moi... Comme vous dites, le tailleur aura plus de temps.

M. GUILLAUME.

Laissez-moi vous donner un garçon qui me rapportera l'argent.

M. PATELIN.

Eh! point, point. Je ne suis pas glorieux; il est presque nuit, et, sous ma robe, on prendra ceci pour un sac de procès.

M. GUILLAUME.

Mais, monsieur, je vais toujours vous donner un garçon pour me...

M. PATELIN.

Eh! point de façon, vous dis-je... A cinq heures

ACTE I, SCENE VI

précises, trois cent trente écus, et l'oie à dîner... Oh! çà, il se fait tard : adieu, mon cher voisin, serviteur... Eh! serviteur.

M. GUILLAUME.

Serviteur, monsieur, serviteur. (*M. Patelin rentre chez lui.*)

SCENE VII.

M. GUILLAUME.

Il s'en va, parbleu! avec mon drap; mais il n'y a pas loin d'ici à cinq heures du matin. Je dîne demain chez lui, et il me paiera, il me paiera... Voilà, parbleu! un des plus honnêtes et des plus consciencieux avocats que j'aie vu de ma vie! J'ai quelque regret de lui avoir vendu ce drap un peu trop cher, puisqu'il veut bien me payer trois cents écus, sur lesquels je ne comptois point; car je ne sais d'où diable peut venir cette dette... Mais à la bonne heure... Oh! çà, il se fait nuit, et voilà, je pense, tout ce que je gagnerai aujourd'hui. (*appelant.*) Holà! holà! qu'on enferme tout cela là-dedans... Mais voici, je crois, ce coquin d'Agnelet qui m'a volé mes moutons?

SCENE VIII.

M. GUILLAUME, AGNELET.

M. GUILLAUME.

Ah! ah! voleur... Je puis bien faire ici de bonnes affaires; ce scélérat m'emporte tout le profit.

23.

AGNELET.

Bon vêpre, monsieur, et bonne nuit.

M. GUILLAUME.

Tu oses encore te présenter devant moi?

AGNELET.

C'est, ne vous déplaise, mon bon maître, qu'un monsieur m'a baillé certain papier qui parle, dit-on, de moutons, de juge, et d'ajournerie.

M. GUILLAUME.

Tu fais le benêt; mais je t'assure que tu ne tueras jamais plus mouton qu'il ne t'en souvienne.

AGNELET.

Eh! mon doux maître, ne croyez pas les médisans.

M. GUILLAUME.

Les médisans, coquin! Ne t'ai-je pas trouvé de nuit tuant un mouton?

AGNELET.

Par cette ame, c'étoit pour l'empêcher de mourir.

M. GUILLAUME.

Le tuer, pour l'empêcher de mourir!

AGNELET.

Oui, de la clavelée, à cause, ne vous déplaise, que quand ils mouriont de vilain mal, il faut les jeter; et on les tue avant qu'ils mouriont.

M. GUILLAUME.

Qu'ils mouriont! Le traître! des moutons dont la laine me fait des draps d'Angleterre, que je vends cinq écus l'aune... Ote-toi d'ici, scélérat! Six vingts moutons en un mois!

ACTE I, SCENE VIII.

AGNELET.

Ils gâtiont les autres, par ma fi!

M. GUILLAUME.

Nous verrons cela demain devant monsieur le juge.

AGNELET.

Eh! mon doux maître, contentez-vous de m'avoir assommé, comme vous voyez; et accordons ensemble, si c'est votre bon plaisir.

M. GUILLAUME.

Mon bon plaisir est de te faire pendre; entends-tu?

AGNELET.

Le ciel vous donne joie! (*M. Guillaume rentre chez lui.*)

AGNELET, *seul*.

Il faut donc que j'aille trouver un avocat pour défendre mon bon droit.

SCENE IX.

VALERE, HENRIETTE, COLETTE, AGNELET.

HENRIETTE, *à Valere*.

Laissez-moi, Valere; mon pere et ma mere me suivent. Nous allons souper chez ma tante : ils m'ont dit de m'avancer; retirez-vous.

AGNELET, *à Valere*.

Voulez-vous, monsieur, que j'éteigne la lumiere?

VALERE.

Non, tu me priverois du plaisir de la voir. (*à Henriette.*) Belle Henriette, souffrez, je vous prie...

HENRIETTE.

Non, Valere, je tremble...

VALERE.

Craignez-vous une personne qui vous adore?

HENRIETTE.

Vous êtes la personne du monde que je crains le plus, et vous savez pourquoi. (*à Colette.*) Ne me quittez pas, Colette. (*Agnelet tire Colette par le bras.*)

COLETTE.

C'est cet invalide qui me tire par le bras.

HENRIETTE, *à Valere.*

Si vous m'aimez, Valere, ne songez à moi, je vous prie, que lorsque vous serez assuré du consentement de monsieur votre pere.

COLETTE.

C'est à quoi, Agnelet et moi, nous avons fait dessein de nous employer.

AGNELET.

J'ai déja imaginé un moyen honnête qui réussira, si dieu plaît, quand je serai hors de procès.

VALERE.

Quoi qu'il arrive, je te garantirai du tout.

HENRIETTE.

Voici mon pere; fuyons tous.

(*elle s'en va avec Valere, Colette et Agnelet.*)

SCENE X.

M. PATELIN, MADAME PATELIN.

M. PATELIN.

Eh bien! ma femme, ce drap est-il bien choisi?

MADAME PATELIN.

Oui; mais avec quoi le payer? Tu l'as promis à demain matin; ce M. Guillaume est un arabe qui viendra ici faire le diable à quatre.

M. PATELIN.

Lorsqu'il viendra, songe seulement à faire ce que je t'ai dit, et à me bien seconder.

MADAME PATELIN.

Il faut, malgré moi, que j'aide à t'en sortir; mais tu devrois rougir de honte de ce que tu m'as proposé de faire, et ce n'est du tout point agir en honnête homme.

M. PATELIN.

Eh! mon dieu! ma femme, en honnête homme!... Il n'est rien de plus aisé, quand on est riche, d'être honnête homme; c'est quand on est pauvre qu'il est difficile de l'être... Mais laissons tout cela; allons souper chez ta sœur, et dès que nous serons de retour faisons ce soir même couper cet habit, de peur d'accident.

MADAME PATELIN.

Allons; mais je crains bien que demain matin il n'arrive ici quelque désordre.

FIN DU PREMIER ACTE.

ACTE II.

SCENE PREMIERE.

M. GUILLAUME; M. PATELIN, *dans sa maison.*

M. GUILLAUME.

IL est du devoir d'un homme bien réglé de récapituler le matin ce qu'il s'est proposé de faire dans sa journée : voyons un peu. Premièrement je dois recevoir à cinq heures trois cents écus de M. Patelin pour une dette de feu son pere; plus trente écus pour six aunes de drap qu'il prit hier ici; item, une oie à dîner chez lui, apprêtée de la main de sa femme; après cela, comparoître à l'ajournement devant le juge, contre Agnelet, pour six vingts moutons qu'il m'a volés. Je pense que voilà tout... (*regardant à sa montre.*) Mais, ouais! il y a long-temps que l'heure est passée, et je ne vois point venir mon homme : allons le trouver... Non, un homme si exact ne me manquera pas de parole... Cependant il a mon drap, et je n'ai point de ses nouvelles... Que faire?... Faisons semblant de lui rendre visite, et sachons un peu de quoi il est question... (*écoutant à la porte de M. Patelin.*) Je crois qu'il compte mon argent. (*flairant à la porte.*) Je sens qu'on apprête l'oie... Frappons. (*il frappe.*)

M. PATELIN, *dans sa maison.*

Ma fem...me.

M. GUILLAUME.

C'est lui-même.

M. PATELIN, *dans la maison.*

Ouvrez la porte... voilà l'apothicaire.

M. GUILLAUME.

L'apothicaire!

M. PATELIN, *dans la maison.*

Qui m'apporte l'émétique, l'éméti...i...que.

M. GUILLAUME.

L'émétique!... C'est quelqu'un qui est malade chez lui, et je puis n'avoir pas bien reconnu sa voix à travers la porte. Frappons encore plus fort. (*il frappe.*)

M. PATELIN, *dans la maison.*

Caro...o...gne! ma...a...sque! ouvriras-tu...u...

SCENE II.

MADAME PATELIN, M. GUILLAUME.

MADAME PATELIN, *à voix basse.*

Ah! c'est vous, M. Guillaume?

M. GUILLAUME.

Oui, c'est moi, vous êtes sans doute madame Patelin?

MADAME PATELIN.

A vous servir... Pardon, monsieur, je n'ose parler haut.

M. GUILLAUME.

Oh! parlez comme il vous plaira; je viens voir M. Patelin.

MADAME PATELIN.

Parlez plus bas, monsieur, s'il vous plaît.

M. GUILLAUME.

Eh! pourquoi bas? Je viens, vous dis-je, lui rendre visite.

MADAME PATELIN.

Encore plus bas, je vous prie.

M. GUILLAUME.

Si bas qu'il vous plaira; mais il faut que je le voie.

MADAME PATELIN.

Hélas! le pauvre homme, il est bien en état d'être vu!

M. GUILLAUME.

Comment! que lui seroit-il arrivé depuis hier?

MADAME PATELIN.

Depuis hier? Hélas! monsieur Guillaume, il y a huit jours qu'il n'a bougé du lit.

M. GUILLAUME.

Du lit? Il vint pourtant hier chez moi.

MADAME PATELIN.

Lui, chez vous?

M. GUILLAUME.

Lui, chez moi; et il étoit même fort gaillard et fort dispos.

ACTE II, SCENE II.

MADAME PATELIN.

Ah! monsieur, il faut sans doute que cette nuit vous ayez rêvé cela.

M. GUILLAUME.

Ah! parbleu, ceci n'est pas mauvais, rêvé! Et mes six aunes de drap qu'il emporta, l'ai-je rêvé?

MADAME PATELIN.

Six aunes de drap?

M. GUILLAUME.

Oui, six aunes de drap couleur marron; et l'oie que nous devons manger à dîner? Eh! l'ai-je rêvé?

MADAME PATELIN.

Que vous prenez mal votre temps pour rire!

M. GUILLAUME.

Pour rire! ventrebleu! je ne ris point; et n'en ai nulle envie. Je vous soutiens qu'il emporta hier sous sa robe six aunes de drap.

MADAME PATELIN.

Hélas! le pauvre homme, plût au ciel qu'il fût en état de l'avoir fait!... Ah! monsieur Guillaume, il eut tout hier un transport au cerveau qui le jeta dans la rêverie où je crois qu'il est encore.

M. GUILLAUME.

Oh! par la tête-bleu! vous rêvez vous-même, et je veux absolument lui parler.

MADAME PATELIN.

Oh! pour cela, en l'état où il est il n'est pas possible; nous l'avons mis sur un fauteuil auprès de la porte pour faire son lit; si vous le voyiez, il vous feroit pitié.

M. GUILLAUME.

Bon, bon, pitié! (*voulant entrer chez M. Patelin.*) En quelque état qu'il soit, je prétends le voir, ou...

MADAME PATELIN.

Ah! n'ouvrez pas cette porte! vous allez tuer mon mari! Il lui prend de temps en temps des envies de courir!... (*voyant paroître M. Patelin qui accourt la tête enveloppée de chiffons.*) Ah! le voilà parti...

SCENE III.

M. PATELIN, MADAME PATELIN, M. GUILLAUME.

MADAME PATELIN, *à M. Guillaume.*

Je vous l'avois bien dit... Aidez-moi à le reprendre. (*à M. Patelin.*) Mon pauvre mari, repose-toi là. (*Elle arrête M. Patelin, et elle va chercher un fauteuil à l'entrée de sa maison pour le faire asseoir.*)

M. PATELIN, *assis, et criant.*

Aïe, aïe, la tête!

M. GUILLAUME, *à part.*

En effet voilà un homme en un piteux état! Il me semble pourtant que c'est le même d'hier, ou peu s'en faut. Voyons de plus près. (*à M. Patelin.*) Monsieur Patelin, je suis votre serviteur.

M. PATELIN.

Ah! bonjour, monsieur Anodin.

ACTE II, SCENE III.

M. GUILLAUME.

Monsieur Anodin!

MADAME PATELIN.

Il vous prend pour l'apothicaire; allez-vous-en.

M. GUILLAUME.

Je n'en ferai rien. (*à M. Patelin.*) Monsieur, vous vous souvenez bien qu'hier...

M. PATELIN.

Oui, je vous ai fait garder...

M. GUILLAUME, *à part.*

Bon! il s'en souvient.

M. PATELIN.

Un grand verre plein de mon urine.

M. GUILLAUME.

Je n'ai que faire d'urine.

M. PATELIN, *à madame Patelin.*

Ma femme, fais-la voir à monsieur Anodin; il verra si j'ai quelque embarras dans les ureteres.

M. GUILLAUME.

Bon, bon, ureteres!... Monsieur, je veux être payé.

M. PATELIN.

Si vous pouviez un peu éclaircir mes matieres; elles sont dures comme du fer, et noires comme votre barbe.

M. GUILLAUME.

Pa, pa, pa; voilà me payer en belle monnoie!

MADAME PATELIN.

Eh! monsieur, sortez d'ici.

M. GUILLAUME.

Bagatelles! (*à M. Patelin.*) Voulez-vous me compter de l'argent? Je veux être payé.

M. PATELIN.

Ne me donnez plus de ces vilaines pilules; elles ont failli à me faire rendre l'ame.

M. GUILLAUME.

Je voudrois qu'elles t'eussent fait rendre mon drap!

M. PATELIN, *à madame Patelin.*

Ma femme, chasse, chasse ces papillons noirs qui volent autour de moi... Comme ils montent!

M. GUILLAUME, *à madame Patelin.*

Je n'en vois point.

MADAME PATELIN.

Eh! ne voyez-vous pas qu'il rêve? Allez-vous-en.

M. GUILLAUME.

Tarare! je veux de l'argent.

M. PATELIN.

Les médecins m'ont tué avec leurs drogues.

M. GUILLAUME, *à madame Patelin.*

Il ne rêve pas à présent... Il faut que je lui parle... Monsieur Patelin!

M. PATELIN.

Je plaide, messieurs, pour Homere.

M. GUILLAUME.

Pour Homere!

M. PATELIN.

Contre la nymphe Calypso.

ACTE II, SCENE III.

M. GUILLAUME.

Calypso!... Que diable est ceci?

MADAME PATELIN.

Il rêve, vous dis-je. Allez-vous-en; sortez, je vous prie.

M. GUILLAUME.

A d'autres!

M. PATELIN.

Les prêtres de Jupiter... les Corybantes... Il l'a pris, il l'emporte... Au chat! au chat!... Adieu mon lard!

M. GUILLAUME.

Oh! çà, quand vous aurez assez rêvé, me paierez-vous au moins mes trente écus?

M. PATELIN.

Sa grotte ne retentissoit plus du doux chant de sa voix...

M. GUILLAUME, *à part*.

Ouais! aurois-je pris quelque autre pour lui?

MADAME PATELIN.

Eh! monsieur, laissez en repos ce pauvre homme.

M. GUILLAUME.

Attendez, il aura peut-être quelque intervalle... Il me regarde comme s'il vouloit me parler.

M. PATELIN.

Ah! monsieur Guillaume!

M. GUILLAUME, *à madame Patelin*.

Oh! il me reconnoît. (*à M Patelin.*) Eh bien?

M. PATELIN.

Je vous demande pardon...

M. GUILLAUME, *à madame Patelin.*

Vous voyez s'il s'en souvient?

M. PATELIN, *à M. Guillaume.*

Si depuis quinze jours que je suis dans ce village je ne vous suis pas allé voir.

M. GUILLAUME.

Morbleu! ce n'est pas là mon compte. Cependant hier...

M. PATELIN.

Oui, hier, pour vous aller faire mes excuses, je vous envoyai un procureur de mes amis.

M. GUILLAUME, *à part.*

Ventrebleu! celui-là aura eu mon drap. Un procureur! je ne le verrai de ma vie. (*à M. Patelin.*) Mais c'est une invention, et nul autre que vous n'a eu mon drap; à telles enseignes...

MADAME PATELIN.

Eh! monsieur, si vous lui parlez d'affaires, vous l'allez tuer.

M. GUILLAUME.

A la bonne heure... (*à M. Patelin.*) A telles enseignes que feu votre pere devoit au mien trois cents écus. Ventrebleu! je ne m'en irai point d'ici sans drap ou sans argent.

M. PATELIN, *se levant.*

La cour remarquera, s'il lui plaît, que la pyrrhique étoit une certaine danse, ta, ral, la, la, la... (*prenant M. Guillaume et le faisant danser.*) Dansons tous, dansons tous... Ma commere, quand je danse...

ACTE II, SCENE III.

M. GUILLAUME.

Oh! je n'en puis plus; mais je veux de l'argent.

M. PATELIN, *à part.*

Oh! je te ferai bien décamper. (*à madame Patelin.*) Ma femme, ma femme, j'entends des voleurs qui ouvrent notre porte : ne les entends-tu pas? Écoutons. Paix, paix; écoutons... Oui... les voilà... je les vois... Ah! coquins, je vous chasserai bien d'ici... Ma hallebarde, ma hallebarde... (*il va prendre une hallebarde à l'entrée de sa maison, et revient.*) Au voleur! au voleur!

M. GUILLAUME, *à part.*

Tubieu! il ne fait pas bon ici... Morbleu! tout le monde me vole; l'un mon drap, l'autre mes moutons; mais, en attendant que je tire raison de celui-là, allons songer à faire pendre l'autre. (*Il s'en va.*)

SCENE IV.

M. PATELIN, MADAME PATELIN.

MADAME PATELIN.

Bon! le voilà parti : je me retire; mais demeure encore là un moment en cas qu'il revînt.

M. PATELIN, *croyant voir revenir M. Guillaume.*

Le voici... Au voleur!... C'est monsieur Bartolin... Il m'a vu. (*Madame Patelin sort.*)

SCENE V.

M. BARTOLIN, M. PATELIN.

M. BARTOLIN.

Qui crie au voleur? Quel bruit fait-on à ma porte? Quel désordre est ceci!... Ah! ah! c'est vous, mon compere?

M. PATELIN.

Oui, c'est moi qui...

M. BARTOLIN.

En cet équipage?

M. PATELIN.

C'est que... j'ai cru...

M. BARTOLIN.

Un avocat sous les armes!

M. PATELIN.

J'ai cru entendre des...

M. BARTOLIN.

Militant causarum patroni.

M. PATELIN.

C'est que, vous dis-je, j'ai cru entendre des voleurs qui crochetoient ma porte.

M. BARTOLIN.

Crocheter une porte *coram judice.*

M. PATELIN.

Je croyois, vous dis-je, qu'il y eût des voleurs.

M. BARTOLIN.

Il en faut faire informer...

ACTE II, SCENE V.

M. PATELIN.

Mais il n'y en avoit point.

M. BARTOLIN.

Faire ouïr des témoins...

M. PATELIN.

Et contre qui ?

M. BARTOLIN.

Et les faire pendre...

M. PATELIN.

Et qui pendre ?

M. BARTOLIN.

Point de quartier aux voleurs.

M. PATELIN.

Je vous dis encore une fois qu'il n'y en avoit point, et que je me suis trompé.

M. BARTOLIN.

Ah ! ah ! cela étant ainsi, *cedant arma togœ*. Allez quitter cette hallebarde, et prendre votre robe pour venir à l'audience que je donnerai ici dans une heure. (*il s'en va.*)

M. PATELIN, *seul*.

C'est aussi ce que je vais faire... Je dois plaider pour certain berger dont Colette m'a parlé... Je pense que le voici... Allons quitter cet équipage, et revenons promptement. (*Il rentre chez lui.*)

SCENE VI.

COLETTE, AGNELET.

COLETTE.

Tu as besoin d'un avocat subtil et rusé, qui invente quelque fourberie pour te tirer d'affaire; et il n'y a dans tout le village que monsieur Patelin qui en soit capable.

AGNELET.

J'en fîmes l'expérience, feu mon frere et moi, il y a quelque temps; mais je ne sais comment faire, car j'oubliai de le payer.

COLETTE.

Il ne s'en souviendra peut-être pas. Au moins ne lui dis pas que tu sers monsieur Guillaume; il ne voudroit peut-être pas plaider contre lui.

AGNELET.

Je ne lui parlerai que de mon maître, sans le nommer, et il croira que je sers toujours ce fermier avec qui je demeurois quand je te fiançai.

COLETTE, *voyant venir M. Patelin.*

Voilà ton avocat; adieu. (*Elle rentre chez M. Patelin.*)

SCENE VII.

M. PATELIN, AGNELET.

M. PATELIN, *à part.*

Ah! ah! je connois ce drôle-ci. (*à Agnelet.*) N'est-ce pas toi qui as fiancé ma servante Colette ?

AGNELET.

Oui, monsieur, oui.

M. PATELIN.

Vous étiez deux freres que je garantis des galeres. L'un de vous deux ne me paya point.

AGNELET.

C'étoit mon frere.

M. PATELIN.

Vous fûtes malade au sortir de prison, et l'un de vous deux mourut.

AGNELET.

Ce ne fut pas moi.

M. PATELIN.

Je le vois bien.

AGNELET.

Je fus pourtant plus malade que mon frere. Enfin je viens vous prier de plaider pour moi contre mon maître.

M. PATELIN.

Ton maître, est-ce ce fermier d'ici près ?

AGNELET.

Il ne demeure pas loin d'ici, et je vous paierai bien.

M. PATELIN.

Je le prétends bien ainsi. Oh! çà, raconte-moi ton affaire sans me rien déguiser.

AGNELET.

Vous saurez donc que mon bon maître me paie petitement mes gages; et que, pour m'indommager sans lui faire tort, je fais quelque petit négoce avec un boucher, homme de bien.

M. PATELIN.

Quel négoce fais-tu?

AGNELET.

Sauf votre grace, j'empêche les moutons de mourir de la clavelée.

M. PATELIN.

Il n'y a point là de mal. Et que fais-tu pour cela?

AGNELET.

Ne vous déplaise, je les tue quand ils ont envie de mourir.

M. PATELIN.

Le remede est sûr; mais ne les tues-tu pas exprès, pour faire croire à ton maître qu'ils sont morts de ce mal et qu'il les faut jeter à la voirie, afin de les vendre et de garder l'argent pour toi?

AGNELET.

C'est ce que dit mon doux maître, à cause que l'autre nuit... quand j'eus enfermé le troupeau... il vit que je pris... un... dirai-je tout?

M. PATELIN.

Oui, si tu veux que je plaide pour toi.

AGNELET.

L'autre nuit donc il vit que je pris un gros mouton, qui se portoit ben. Ma fi! sans y penser, ne sachant que faire... je lui mis tout doucement mon couteau auprès de la gorge : tant y a que je ne sais comment cela se fit ; mais il mourut d'abord.

M. PATELIN.

J'entends... quelqu'un te vit-il faire ?

AGNELET.

Mon maître étoit caché dans la bergerie : il me dit que j'en avois fait autant de six vingts moutons qui lui manquoient... Or, vous saurez que c'est un homme qui dit toujours la vérité. Il me battit, comme vous voyez ; et je vais me faire trépaner. Or, je vous prie, comme vous êtes avocat, de faire en sorte qu'il ait tort, et que j'aie raison, afin qu'il ne m'en coûte rien.

M. PATELIN.

Je comprends ton affaire. Il y a deux voies à prendre ; par la premiere il ne t'en coûtera pas un sou.

AGNELET.

Prenons celle-là, je vous prie.

M. PATELIN.

Soit. Tout ton bien est en argent ?

AGNELET.

Ma fi! oui.

M. PATELIN.

Il te le faut bien cacher.

AGNELET.

Aussi ferai-je.

M. PATELIN.

Ton maître sera contraint de payer tous les dépens.

AGNELET.

Tant mieux.

M. PATELIN.

Et sans qu'il t'en coûte denier ni maille...

AGNELET.

C'est ce que je demande.

M. PATELIN.

Il sera obligé, s'il veut, de te faire pendre.

AGNELET.

Prenons l'autre, s'il vous plaît.

M. PATELIN.

Le voici : on va te faire venir devant le juge.

AGNELET.

Il est vrai.

M. PATELIN.

Souviens-toi bien de ceci.

AGNELET.

J'ai bonne souvenance.

M. PATELIN.

A toutes interrogations qu'on te fera, soit le juge, soit l'avocat de ton maître, soit moi-même, ne réponds autre chose que ce que tu entends dire tous les jours à tes bêtes à laine. Tu sauras bien parler leur langage, et faire le mouton?

AGNELET.

Cela n'est pas ben difficile.

M. PATELIN.

Les coups que tu as à la tête me font aviser d'une

adresse qui pourra te garantir; mais je prétends ensuite être bien payé.

AGNELET.

Aussi serez-vous, par cette ame!

M. PATELIN.

M. Bartolin va tout-à-l'heure donner audience: ne manque point de revenir ici; tu m'y trouveras. Adieu... N'oublie pas de porter de l'argent.

AGNELET.

Serviteur... que les gens de bien ont de peine à vivre!

FIN DU SECOND ACTE.

ACTE III.

SCENE PREMIERE.

M. BARTOLIN, M. PATELIN, AGNELET.

M. BARTOLIN, *à M. Patelin.*

Or sus, les parties peuvent comparoître.

M. PATELIN, *bas à Agnelet.*

Quand on t'interrogera ne réponds que de la maniere que je t'ai dit.

M. BARTOLIN, *à M. Patelin.*

Quel homme est-ce là ?

M. PATELIN.

Un berger qui a été battu par son maître, et qui au sortir d'ici va se faire trépaner.

M. BARTOLIN.

Il faut attendre l'adverse partie, son procureur ou son avocat... Mais que nous veut monsieur Guillaume ?

SCENE II.

M. GUILLAUME, M. BARTOLIN, M. PATELIN, AGNELET.

M. GUILLAUME, *à M. Bartolin.*

Je viens plaider moi-même mon affaire.

M. PATELIN, *bas, à Agnelet.*

Ah! traître! c'est contre monsieur Guillaume.

AGNELET.

Oui, c'est mon bon maître.

M. PATELIN, *à part.*

Tâchons de nous tirer d'ici.

M. GUILLAUME.

Ouais! quel homme est-ce là?

M. PATELIN.

Monsieur, je ne plaide que contre un avocat.

M. GUILLAUME.

Je n'ai pas besoin d'avocat. (*à part.*) Il a quelque chose de son air.

M. PATELIN.

Je me retire donc.

M. BARTOLIN.

Demeurez, et plaidez.

M. PATELIN.

Mais, monsieur...

M. BARTOLIN.

Demeurez, vous dis-je. Je veux au moins avoir un avocat à mon audience. Si vous sortez, je vous raye de la matricule.

M. PATELIN, *à part, se cachant la figure avec son mouchoir.*

Cachons-nous du mieux que nous pourrons.

M. BARTOLIN.

Monsieur Guillaume, vous êtes le demandeur, parlez.

M. GUILLAUME.

Vous saurez, monsieur, que ce maraud-là...

M. BARTOLIN.

Point d'injures.

M. GUILLAUME.

Eh bien! que ce voleur...

M. BARTOLIN.

Appelez-le par son nom ou celui de sa profession.

M. GUILLAUME.

Tant y a, vous dis-je, monsieur, que ce scélérat de berger m'a volé six vingts moutons.

M. PATELIN.

Cela n'est point prouvé.

M. BARTOLIN.

Qu'avez-vous, avocat?

M. PATELIN.

Un grand mal aux dents.

M. BARTOLIN.

Tant pis; continuez.

M. GUILLAUME, *à part.*

Parbleu! cet avocat ressemble un peu à celui de mes six aunes de drap.

M. BARTOLIN.

Quelle preuve avez-vous de ce vol?

ACTE III, SCENE II.

M. GUILLAUME.

Quelle preuve! je lui vendis hier... je lui ai baillé en garde six aunes... six cents moutons, et je n'en trouve à mon troupeau que quatre cent quatre-vingts.

M. PATELIN.

Je nie ce fait.

M. GUILLAUME, *à part.*

Ma foi! si je ne venois de voir l'autre dans la rêverie, je croirois que voilà mon homme.

M. BARTOLIN.

Laissez là votre homme, et prouvez le fait.

M. GUILLAUME.

Je le prouve par mon drap... je veux dire par mon livre de compte. Que sont devenues les six aunes... les six vingts moutons qui manquent à mon troupeau?

M. PATELIN.

Ils sont morts de la clavelée.

M. GUILLAUME.

Tête-bleu! je crois que c'est lui-même.

M. BARTOLIN.

On ne nie pas que ce ne soit lui-même : *non est quœstio de persona.* On vous dit que vos moutons sont morts de la clavelée. Que répondez-vous à cela ?

M. GUILLAUME.

Je réponds, sauf votre respect, que cela est faux ; qu'il emporta sous... qu'il les a tués pour les vendre, et qu'hier moi-même... (*à part.*) Oh! c'est lui... (*à M Bartolin.*) Oui, je lui vendis six... six... je le trouvai sur le fait, tuant de nuit un mouton.

M. PATELIN, *à M. Bartolin.*

Pure invention, monsieur, pour s'excuser des coups qu'il a donnés à ce pauvre berger, qui, au sortir d'ici, comme je vous ai dit, va se faire trépaner.

M. GUILLAUME.

Parbleu! monsieur le juge, il n'est rien de plus véritable; c'est lui-même. Oui, il emporta hier de chez moi six aunes de drap, et ce matin, au lieu de me payer trente écus...

M. BARTOLIN.

Que diantre font ici six aunes de drap et trente écus? il est, ce me semble, question de moutons volés?

M. GUILLAUME.

Il est vrai, monsieur : c'est une autre affaire; mais nous y viendrons après. Je ne me trompe pourtant point. Vous saurez donc que je m'étois caché dans la bergerie... (*à part.*) Oh! c'est lui, très assurément... (*à M. Bartolin.*) Je m'étois donc caché dans la bergerie; je vis venir ce drôle : il s'assit là; il prit un gros mouton... et... et avec de belles paroles, il fit si bien qu'il m'emporta six aunes...

M. BARTOLIN.

Six aunes de moutons?

M. GUILLAUME.

Non; de drap, lui... Maugrebleu de l'homme!

M. BARTOLIN.

Laissez là ce drap et cet homme, et revenez à vos moutons.

M. GUILLAUME.

J'y reviens. Ce drôle donc ayant tiré de sa poche son couteau... Je veux dire mon drap... Non, je dis bien, son couteau... il... il... il... il... le mit comme ceci sous sa robe, et l'emporta chez lui; et ce matin, au lieu de me payer mes trente écus, il me nie drap et argent.

M. PATELIN, *riant*.

Ah! ah! ah!

M. BARTOLIN.

A vos moutons, vous dis-je, à vos moutons.

M. PATELIN, *riant*.

Ah! ah! ah!

M. BARTOLIN.

Ouais! vous êtes hors de sens, monsieur Guillaume, rêvez-vous?

M. PATELIN.

Vous voyez, monsieur, qu'il ne sait ce qu'il dit.

M. GUILLAUME.

Je le sais fort bien, monsieur. Il m'a volé six vingts moutons, et ce matin, au lieu de me payer trente écus pour six aunes de drap couleur de marron, il m'a payé de papillons noirs, la nymphe Calipot, ta, ral, la, ma commere, quand je danse. Que diable sais-je encore ce qu'il est allé chercher?

M. PATELIN, *riant*.

Ah! ah! ah! Il est fou, il est fou!

M. BARTOLIN.

En effet... Tenez, monsieur Guillaume, toutes les cours du royaume ensemble ne comprendront rien à votre affaire. Vous accusez ce berger de vous avoir volé six vingts moutons, et vous entrelardez là-dedans six aunes de drap, trente écus; des papillons noirs, et mille autres balivernes. Eh! encore une fois, revenez à vos moutons, ou je vais relaxer ce berger... Mais j'aurai plutôt fait de l'interroger moi-même... (*à Agnelet.*) Approche-toi. Comment t'appelles-tu?

AGNELET.

Bée...

M. GUILLAUME, *à M. Bartolin.*

Il ment; il s'appelle Agnelet.

M. BARTOLIN.

Agnelet ou Bée, n'importe. (*à Agnelet.*) Dis-moi, est-il vrai que monsieur t'avoit baillé en garde six vingts moutons?

AGNELET.

Bée...

M. BARTOLIN.

Ouais! la crainte de la justice te trouble peut-être... Ecoute, ne t'effraie point... Monsieur Guillaume t'a-t-il trouvé de nuit tuant un mouton?

AGNELET.

Bée...

M. BARTOLIN.

Oh! oh! que veut dire ceci?

M. PATELIN.

Les coups qu'il lui a donnés sur la tête lui ont troublé la cervelle.

ACTE III, SCENE II.

M. BARTOLIN.

Vous avez grand tort, monsieur Guillaume.

M. GUILLAUME.

Moi, tort? L'un me vole mon drap, l'autre mes moutons : l'un me paie de chansons, l'autre de bée... et encore, morbleu ! j'aurai tort ?

M. BARTOLIN.

Oui, tort : il ne faut jamais frapper, sur-tout à la tête.

M. GUILLAUME.

Oh ! ventrebleu ! il étoit nuit, et quand je frappe, je frappe par-tout.

M. PATELIN, *à M. Bartolin.*

Il avoue le fait, monsieur ; *habemus confitentem reum.*

M. GUILLAUME.

Oh ! va, va, *confitareum*, tu me paieras mes six aunes de drap, ou le diable t'emportera !

M. BARTOLIN.

Encore du drap ? On se moque ici de la justice... Hors de cour et de procès, sans dépens.

M. GUILLAUME.

J'en appelle. (*à M. Patelin.*) Et pour vous, monsieur le fourbe, nous nous reverrons. (*il s'en va.*)

M. PATELIN, *à Agnelet.*

Remercie monsieur le juge.

AGNELET.

Bée... bée...

M. BARTOLIN.

En voilà assez. Va vîte te faire trépaner, pauvre malheureux ! (*Il s'en va.*)

SCENE III.

M. PATELIN, AGNELET.

M. PATELIN.

Oh! çà, par mon adresse, je t'ai tiré d'une affaire où il y avoit de quoi te faire pendre : c'est à toi maintenant à me bien payer, comme tu m'as promis.

AGNELET.

Bée...

M. PATELIN.

Oui, tu as fort bien joué ton rôle ; mais à présent il me faut de l'argent, entends-tu ?

AGNELET.

Bée...

M. PATELIN.

Eh ! laisse là ton bée... Il n'est plus question de cela ; il n'y a ici que toi et moi : veux-tu me tenir ce que tu m'as promis, et me bien payer ?

AGNELET.

Bée...

M. PATELIN.

Comment, coquin ! je serois la dupe d'un mouton vêtu ?... Têtebleu ! tu me paieras, ou...

(*Agnelet s'enfuit.*)

SCENE IV.

M. PATELIN, COLETTE, *en deuil*.

COLETTE.

Eh ! laissez-le aller, monsieur, il s'agit de bien autre chose !

M. PATELIN.

Comment donc ?

COLETTE.

Les coups qu'il fait semblant d'avoir à la tête nous ont fait aviser d'un moyen sûr pour faire consentir M. Guillaume au mariage de son fils avec votre fille : ne serez-vous pas bien payé ?

M. PATELIN.

Seroit-il bien possible ?... Mais de qui as-tu pris le deuil ?

COLETTE.

Agnelet a dit au juge qu'il s'alloit faire trépaner : il est mort dans l'opération ; et c'est M. Guillaume qui l'a tué.

M. PATELIN.

Ah ! je vois de quoi il est question... Ah ! fort bien, j'entends.

COLETTE.

Secondez-nous bien seulement : je vais demander justice à monsieur le juge. (*Elle s'en va.*)

SCENE V.

M. PATELIN.

En effet, ce qu'il vient de voir lui fera croire aisément qu'Agnelet est mort, et, par bonheur, monsieur Guillaume s'est accusé lui-même. Il faut avouer que ce berger est un rusé coquin ! Il m'a toujours trompé moi-même, moi qui trompe quelquefois les autres ; mais je le lui pardonne si, par son adresse, je puis marier richement ma fille.

SCENE VI.

M. BARTOLIN, M. PATELIN, COLETTE.

M. BARTOLIN, *à Colette.*
Que me dites-vous là ? le pauvre garçon ! voilà une mort bien prompte !

M. PATELIN.
Tout le village en est déja informé... Comme les malheurs arrivent dans un moment !

COLETTE, *feignant de pleurer.*
Hi ! hi ! hi !

M. PATELIN, *à M. Bartolin.*
La pauvre fille !... Méchante affaire pour monsieur Guillaume.

M. BARTOLIN, *à Colette.*
Je vous rendrai justice, ne pleurez pas tant.

COLETTE, *feignant de pleurer.*

Il étoit mon fiancé, é, é, é!

M. BARTOLIN.

Consolez-vous donc, il n'étoit pas encore votre mari.

COLETTE, *feignant de pleurer.*

Je ne le pleurerois pas tant s'il avoit été mon mari, i, i, i!

M. BARTOLIN.

Il sera puni; et déja, sur votre plainte, j'ai donné un décret de prise de corps : on doit me l'amener ici. Je vais cependant, pour la forme, visiter le corps mort. Il est là, dites-vous, chez votre oncle le chirurgien? Je reviens dans un moment. (*Il s'en va.*)

SCENE VII.

M. PATELIN, COLETTE.

M. PATELIN.

Il va tout découvrir s'il ne trouve pas le mort?

COLETTE.

Laissez-le aller. Mon oncle est d'intelligence avec nous; et Agnelet a ajusté dans le lit une certaine tête qui le fera fuir bien vîte.

M. PATELIN.

Mais quelqu'un dans le village rencontrera peut-être Agnelet?

COLETTE.

Il s'est allé cacher dans le grenier à foin d'un de

nos voisins, d'où il ne sortira que quand le mariage sera tout-à-fait conclu.

SCENE VIII.

M. BARTOLIN, M. PATELIN, COLETTE.

M. BARTOLIN, *à M. Patelin.*

Non, de ma vie je n'ai vu une tête d'homme comme celle-là ; les coups, ou le trépan l'ont entièrement défigurée ; elle n'a pas seulement la figure humaine, et je n'ai pu la voir un moment sans en détourner la vue.

COLETTE, *feignant de pleurer.*

Ah ! ah ! ah !

M. PATELIN, *à M. Bartolin.*

Que je plains le pauvre M. Guillaume ! c'étoit un bon homme ; il y avoit plaisir à avoir affaire avec lui.

M. BARTOLIN.

Je le plains aussi ; mais que faire ? Voilà un homme mort, et sa fiancée qui me demande justice ?

M. PATELIN.

Colette, que te servira de le faire pendre ? Ne vaudroit-il pas mieux pour toi...

COLETTE.

Hélas ! monsieur, je ne suis ni intéressée ni vindicative, et s'il y avoit quelque expédient honnête... Vous savez combien j'aime ma maîtresse, votre fille, qui est filleule de monsieur ? (*montrant M. Bartolin.*)

ACTE III, SCENE VIII.

M. BARTOLIN.

Ma filleule!... Eh bien! quel intérêt a-t-elle à tout ceci?

COLETTE.

Valere, monsieur, le fils unique de M. Guillaume, en est amoureux, et desire de l'épouser. Son pere refuse d'y consentir : vous êtes si habiles l'un et l'autre. Voyez s'il n'y auroit pas là quelque expédient, afin que tout le monde fût content.

M. BARTOLIN, *à M. Patelin.*

Oui, il faut que cette fille se déporte de sa poursuite, à condition que M. Guillaume consentira à ce mariage.

COLETTE.

Que cela est bien imaginé !

M. PATELIN, *à M. Bartolin.*

C'est prendre les voies de la douceur.

M. BARTOLIN.

Avant que de le mettre en prison on doit me l'amener : il faut que je lui en parle moi-même. Mais y consentez-vous, M. Patelin ?

M. PATELIN.

Eh!... je n'avois pas encore fait dessein de marier ma fille... cependant... pour sauver la vie à M. Guillaume... Allons, allons, j'y donnerai les mains; et je serois fâché de faire pendre un homme.

M. BARTOLIN.

J'entends qu'on me l'amene. (*à Colette.*) Vous, allez vîte faire enterrer secrètement le mort, afin qu'on ne m'accuse point de prévarication. (*Colette s'en va.*)

M. PATELIN.

Et moi, pour la forme, je vais faire dresser un mot de contrat que vous lui ferez signer, s'il vous plaît. (*Il s'en va.*)

SCENE IX.

M. BARTOLIN, M. GUILLAUME,
DEUX RECORS.

M. BARTOLIN, *à M. Guillaume.*
Ah! vous voici? Eh bien! vous savez, monsieur Guillaume, pourquoi on vous a arrêté.

M. GUILLAUME.
Oui, ce coquin d'Agnelet dit qu'il est mort.

M. BARTOLIN.
Il l'est véritablement : je viens de le voir moi-même; et vous avez avoué le fait.

M. GUILLAUME.
Peste soit de moi!

M. BARTOLIN.
Oh! çà, j'ai une chose à vous proposer ; il ne tient qu'à vous de sortir d'affaire et de vous en retourner chez vous en liberté.

M. GUILLAUME.
Il ne tient qu'à moi? serviteur donc.

M. BARTOLIN.
Oh! attendez : il faut savoir auparavant si vous aimez mieux marier votre fils que d'être pendu.

ACTE III, SCENE IX.

M. GUILLAUME.

Belle proposition! je n'aime ni l'un ni l'autre.

M. BARTOLIN.

Je m'explique : vous avez tué Agnelet, n'est-il pas vrai?

M. GUILLAUME.

Je l'ai battu ; s'il est mort, c'est sa faute.

M. BARTOLIN.

C'est la vôtre. Ecoutez: monsieur Patelin a une fille belle et sage.

M. GUILLAUME.

Oui, et gueuse comme lui.

M. BARTOLIN.

Votre fils en est amoureux.

M. GUILLAUME.

Eh! que m'importe?

M. BARTOLIN.

La fiancée du mort se déporte de sa poursuite si vous consentez à leur mariage.

M. GUILLAUME.

Je n'y consens point.

M. BARTOLIN, *aux recors*.

Qu'on le mene en prison.

M. GUILLAUME.

En prison... Maugrebleu!... Laissez-moi au moins aller dire chez moi qu'on ne m'attende point!

M. BARTOLIN, *aux recors*.

Ne le laissez pas échapper.

SCENE X.

M. BARTOLIN, M. GUILLAUME, M. PATELIN, HENRIETTE, VALERE, COLETTE, deux recors.

M. PATELIN, *à M. Bartolin.*

Voilà le contrat. (*à M. Guillaume.*) Monsieur. sur le malheur qui vous est arrivé toute ma famille vient vous offrir ses services.

M. GUILLAUME, *à part.*

Que de patelineurs !

M. BARTOLIN.

Allons, voici toutes les parties; expliquez-vous vîte : voulez-vous sortir d'affaire ?

M. GUILLAUME.

Oui.

M. BARTOLIN, *lui présentant le contrat.*

Signez ce contrat.

M. GUILLAUME.

Je n'en veux rien faire.

M. BARTOLIN, *aux recors.*

En prison, et les fers aux pieds.

M. GUILLAUME.

Les fers aux pieds !... Tubieu ! comme vous y allez !

M. BARTOLIN.

Ce n'est encore rien ; je vais tout-à-l'heure vous faire donner la question.

ACTE III, SCENE X.

M. GUILLAUME.

Donner la question !

M. BARTOLIN.

Oui, la question ordinaire et extraordinaire ; et, après cela, je ne puis éviter de vous faire pendre.

M. GUILLAUME.

Pendre ! miséricorde !

M. BARTOLIN.

Signez donc. Si vous différez un moment, vous êtes pendu, je ne pourrai plus vous sauver.

M. GUILLAUME.

Juste ciel ! que faut-il faire ? (*il signe.*)

M. BARTOLIN.

Je l'ai ouï dire à un fameux médecin, les coups à la tête sont dangereux comme le diable. (*après que M. Guillaume a signé.*) Voilà qui est bien. Je vais jeter au feu la procédure ; et je vous en félicite.

M. GUILLAUME.

Oui, j'ai fait aujourd'hui de belles affaires !

M. PATELIN.

L'honneur de votre alliance...

M. GUILLAUME.

Ne vous coûte guere.

VALERE.

Mon pere, je vous proteste...

M. GUILLAUME.

Va-t'en au diable !

HENRIETTE.

Monsieur, je suis fâchée...

M. GUILLAUME.

Et moi aussi.

COLETTE.

Que me donnerez-vous à la place de mon fiancé ?

M. GUILLAUME.

Les moutons qu'il m'a volés.

SCENE XI.

M. BARTOLIN, M. PATELIN, M. GUILLAUME, VALERE, HENRIETTE, COLETTE, AGNELET, UN PAYSAN, DEUX RECORS.

LE PAYSAN, *à Agnelet.*

Marche, marche, de par le roi !

AGNELET.

Miséricorde !

M. GUILLAUME.

Ah ! traître ! tu n'es pas mort ?... Il faut que je t'étrangle ; il ne m'en coûtera pas davantage.

M. BARTOLIN.

Attendez. (*au Paysan.*) D'où sort ce fantôme ?

LE PAYSAN.

J'avons trouvé ce voleur dans notre grenier ; par quoi je le mene en prison.

M. BARTOLIN, *à Agnelet.*

Ouais ! tu n'as plus de coups à la tête ?

AGNELET.

Ma fi ! non.

ACTE III, SCENE XI.

M. BARTOLIN.

Qu'est-ce donc qu'on m'a fait voir dans un lit chez le chirurgien ?

AGNELET.

C'étoit une tête de viau, monsieur.

M. GUILLAUME, *à M. Patelin.*

Allons, puisqu'il n'est pas mort, rendez-moi ce contrat que je le déchire.

M. BARTOLIN.

Cela est juste.

M. PATELIN, *à M. Guillaume.*

Oui, en me payant un dédit qui contient dix mille écus.

M. GUILLAUME.

Dix mille écus !... Il faut bien par force que je laisse la chose comme elle est ; mais vous me paierez les trois cents écus de votre pere ?

M. PATELIN.

Oui, en me portant son billet.

M. GUILLAUME.

Son billet ?... Et mes six aunes de drap ?

M. PATELIN.

C'est le présent de noces.

M. GUILLAUME.

De noces ?... Au moins je tâterai de l'oie ?

M. PATELIN.

Nous l'avons mangée à dîner.

M. GUILLAUME.

A dîner ? (*montrant Agnelet.*) Oh ! ce scélérat paiera pour tous, et sera pendu.

VALERE.

Mon pere, il est temps de l'avouer, il n'a rien fait que par mon ordre.

M. GUILLAUME.

Me voilà bien payé de mon drap et de mes moutons!

FIN DE L'AVOCAT PATELIN.

EXAMEN

DE L'AVOCAT PATELIN.

L'Avocat Patelin peut être considéré comme un petit chef-d'œuvre qui vient immédiatement après les pieces de Moliere d'un ordre inférieur, et le Retour imprévu de Regnard. Le style est celui de la bonne comédie : élégant et facile, il ne tombe jamais dans la bassesse ou dans l'affectation ; le dialogue est vif et rapide, et la plaisanterie naît toujours ou des caracteres ou des situations.

Le plan de cette comédie ne mérite pas moins d'éloges. L'intrigue est extrêmement simple ; tout le sujet se trouve indiqué dans les premiers mots que prononce Patelin : « Cela est résolu ; il faut aujourd'hui même, quoique je « n'aie pas le sou, que je me donne un habit neuf. » Voilà l'unique but où veut atteindre l'Avocat : il y parvient dans le premier acte ; mais il s'agit ensuite de ne pas payer ; c'est la matiere du second et du troisieme. La scene où Patelin fait le malade est bien amenée, et ne dégenere point en farce ; l'apparition du juge le met tout de suite en scene, et épargne à l'auteur de longues préparations. L'audience est une des scenes les plus comiques qui existent au théâtre ; la surprise où se trouve M. Guillaume, en reconnoissant dans l'Avocat qui plaide contre lui l'homme qui s'est emparé de son drap, motive très bien le désordre de son plaidoyer ; il mêle sans cesse les deux objets de plainte qu'il veut faire valoir, et s'embrouille tellement, que le juge le croit fou et lui donne tort. On sent que ce comique n'a rien de forcé : il est puisé dans le caractere et dans la situation de M. Guillaume, homme avare auquel l'intérêt seul peut faire perdre la tête.

L'épisode de cette piece consiste dans les amours de Valere et d'Henriette. Brueys ne les développe qu'autant qu'ils peuvent être comiques. Le moyen dont on se sert pour arracher le consentement de M. Guillaume est pris dans le fond de la piece; il est suffisamment préparé dès le moment où paroît Agnelet, et donne lieu à un dénouement gai et naturel.

Dans une piece aussi courte, les caracteres sont parfaitement indiqués. Celui de l'Avocat est original et vrai; il ne se sert point des ruses que l'on prête aux valets de comédie ; les moyens qu'il emploie sont plus fins et plus spirituels ; ils produisent d'autant plus d'effet, que M. Guillaume paroît très difficile à duper. Ce dernier est très bien peint ; c'est un marchand qui n'a pas beaucoup de scrupule : sa sévérité envers son fils pallie en quelque sorte les tours que lui joue le jeune homme; son avarice et sa cupidité diminuent ce que l'escroquerie de l'Avocat peut avoir d'odieux. Agnelet représente un paysan qui, sous les apparences de la bêtise et de la naïveté, est un fripon très adroit; il trompe même son avocat. La scene où, pour se dispenser de le payer, il se sert du stratagème que Patelin lui a indiqué, est pleine de vérité et de comique ; c'est une situation toujours dramatique que celle d'un fripon dupé par son complice. Les rôles d'Henriette, de Valere et de Colette sont ce qu'ils doivent être; l'auteur ne les a ni trop ni trop peu développés.

Cette comédie fut faite en 1700 pour une fête de la cour, et devoit être représentée dans l'appartement de madame de Maintenon par les principaux seigneurs. La guerre qui survint après la mort du roi d'Espagne empêcha l'exécution de cette fête. L'auteur, pour se conformer au goût du temps, avoit placé dans les entre actes des intermedes, que l'on a conservés dans l'édition complete de ses œuvres : comme ils n'ont aucun rapport avec la piece, nous avons cru devoir les supprimer.

FIN DE L'EXAMEN DE L'AVOCAT PATELIN.

TABLE DES PIECES

CONTENUES

DANS LE DIX-HUITIEME VOLUME.

LE DEUIL, COMÉDIE EN UN ACTE ET EN VERS,
   D'HAUTEROCHE, page 1
Notice sur Hauteroche, 3
Epître dédicatoire, 9
Acteurs, 14
Examen du Deuil, 63

CRISPIN MÉDECIN, COMÉDIE EN TROIS ACTES
   ET EN PROSE, D'HAUTEROCHE, 65
Acteurs, 66
Examen de Crispin Médecin, 131

LE FLORENTIN, COMÉDIE EN UN ACTE ET EN
   VERS, DE LA FONTAINE, 133
Notice sur La Fontaine, 135
Acteurs, 140
Examen du Florentin, 171

LA COUPE ENCHANTÉE, COMÉDIE EN UN ACTE
   ET EN PROSE, DE LA FONTAINE, 173
Acteurs, 174
Examen de la Coupe enchantée, 225

TABLE.

LE GRONDEUR, COMÉDIE EN TROIS ACTES ET
   EN PROSE, DE BRUEYS,   page 227
Acteurs,   228
Examen du Grondeur,   329

L'AVOCAT PATELIN, COMÉDIE EN TROIS ACTES
   ET EN PROSE, DE BRUEYS,   333
Préface de l'auteur,   335
Acteurs,   338
Examen de l'Avocat Patelin,   399

FIN DU DIX-HUITIEME VOLUME.

www.ingramcontent.com/pod-product-compliance
Lightning Source LLC
Chambersburg PA
CBHW052134230426
43671CB00009B/1237